JN074453

人口減少時代に経営を強くする

林 明文
HAYASHI Akifumi
【編著】

人事のための データの 見方・使い方

中央経済社

はじめに

　日本の失われた30年に関する原因の一端は人事管理にあります。人事管理が高度に発達していれば，日本企業はより成長していたのではないでしょうか。その意味で，当時の経営者や人事部門は深く反省する必要があるとともに，現在そして将来の人事管理について，自分たちの失敗を教訓として生かすように次世代に継承しなくてはなりません。

　日本の人事管理が十分機能してこなかったことについては，さまざまな原因が考えられますが，大雑把にそして総括的に言うのであれば，「人事管理が合理的でなかったから」でしょう。経営戦略，経営計画を達成するために必要な人員を揃え，そしてより高いパフォーマンスを上げる努力をするという基本機能が作動しなかったからです。合理的でなかったというのは，単純に言えば経営計画を達成する人員を十分に揃えていなかったということであり，またパフォーマンスを上げる努力や施策を行ってこなかったということです。そして，この30年の人事管理は，パフォーマンスを上げるための議論，たとえばエンゲージメントやモチベーションなどに集中しており，定量的に人事管理のレベルを測定し，外部のデータを利用したうえでの制度の構築や運用を行っていなかったのです。

　経営者や人事部門は合理性，定量，データオリエンテッドという視点に立つことはなく，感覚的，定性的，目分量という視点で，人事管理を行っていたと言えます。近年では日本の実質所得が下がり続けており，生産性の向上などが注目を浴び始めました。これ以前は社員の実質所得の状況や生産性の数値などを管理していた企業は極めてまれでした。利益率のパーセンテージと同様の感覚で「自社の生産性はいくら」と言える経営者や人事部門が存在しなかったということです。

　本書は，近年注目を浴び始めている人事関係の基本的なデータをまとめたものであり，経営者や人事部門の担当者の方々には，ぜひ参照いただきたいと思っています。日本の人事管理のレベルが上がる一助になればということで執筆いたしました。

　2024年 2 月

著者代表　林　　明文

目　次

第3章　分配に関する主要データ

第4章　働き方の多様化に関する主要データ

第5章　人的資本に関する主要データ

第6章　人事管理に関する主要データ

第7章　その他関連データ

第1章
人口と雇用に関する主要データ

　近年，世界の人口は大幅に増加しています。特に途上国を中心に人口爆発が起きており，世界の総人口は2050年に100億人に達すると言われています。これにより，食糧難やさらなる気象変動の発生が予想されます。また，各国の人口予測から，現在の国力ランキングが大幅に変わる可能性が高いと言われています。たとえば，インドなどは人口も大幅に増加し，驚くほどの経済規模になる可能性を秘めています。アフリカ大陸では全体的に人口爆発が起こり，世界における存在感が大きくなると思われます。アジアでも，フィリピンなどをはじめとして人口が急増している国もあります。現在，日本のGDPは世界第3位ですが，世界的な人口構成の変化により大幅に順位を下げることが予測されています。

　日本は，少子高齢化が最も早く到来する国と言われています。少子高齢化により若い労働者が減り，高齢者が驚くほど多くなることはほぼ間違いないと予測されます。国としても少子高齢化に対する施策を行っていますが，人口減少を止めることは困難です。この問題を個別の企業の立場から見ると，潤沢に新卒を採用することが難しくなります。また，その逆に高齢者の雇用を見直すことにより，できるだけ長く働く仕組みを整えなければなりません。

　今後，日本全体で労働力不足が予測されていますので，企業にとっては高齢者活用と女性の活用が必須となります。特に女性活用については，女性の就労率はすでに7割を超えており，ここから多少数値が上がっても人手不足を埋めることはできません。また，女性の非正規雇用者は，全体の労働者の4割を占めています。個別の企業としては女性がより高いレベルで活躍できる基盤を設けることが必要です。加えて，外国人労働者の積極活用なども推進されることになり，外国人労働者の適切な管理や教育も必要になるでしょう。

　こうした予測は非常に明快で，大きく変わることはないことをデータが示しています。少子高齢化や女性活用は緩やかに進行していますが，10年先を考えると，抜本的な組織・人事の改革をただちに行わなければなりません。

　第1章では経営者，人事部などが知らなければならない人口と雇用に関するデータを提示します。

01
日本の人口ピラミッド
必ず訪れる超高齢化社会

今後減り続ける日本の生産人口

　日本の人口は，2023年から2050年に向かい大幅に減少します。この現象と同時に，高齢化が驚くほどのスピードで進行することになります。このトレンドはすでに十分に認識されていますが，今後の日本企業における人事管理に決定的で，かつてない影響を与えることを再認識する必要があります。マクロトレンドとしての人口推移が個別企業の人事管理にどのような影響を与えるかを，現時点で十分に検討し，今から備えなくてはなりません。

　図表1-1は，2050年の日本の人口ピラミッド予想です。これを見ると生産年齢人口が減少し，老齢人口が激増，年少人口が減少していることがわかります。重要なのは生産年齢人口比率で，2050年にはほぼ50％の比率まで低下します。生産年齢人口比率が高いレベルにあった1990年と比較すると，そのインパクトは一見して想像以上であるとわかります。1990年の生産年齢人口は約70％でした。

図表1-1｜日本の2050年と1990年の人口ピラミッド

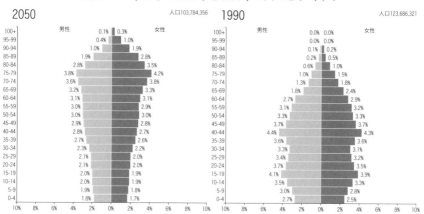

出所：PopulationPyramid.net（2023年に利用）『Population Pyramids of the World from 1950 to 2100』をもとに作成

生産人口増加のマレーシアと減少の中国

　マレーシアは，移民労働者を積極的に受け入れて経済を活性化させており，2050年までに人口は増加し続け，生産人口の比率が非常に高く，また各年代のバランスが取れていることがわかります。

　現在のマレーシア経済は，今後は従来型産業による経済成長の持続は望めないことから，産業の高度化および多角化を目指しています。もともと，電子機械製品の世界的なサプライチューンとして重要な位置づけにあり工業が盛んですが，それに加え外国人観光客の増加に伴って，近年はサービス産業の割合が上昇しています。そして，外資規制を緩和し，再生可能エネルギー分野などで外資誘致を積極的に促進しています。近年のマレーシアは，所得水準も上昇しており，経済全体が先進国レベルへと近づきつつあります。

　次に，世界の大国となった中国を見てみましょう。一人っ子政策の影響もあって出生率が一時的に急激に低下したこともあり，2050年には日本同様に超高齢化社会となるでしょう。一人っ子政策の影響から，男子が女子を上回る人口となっており，男女比のアンバランスから3,000万人の男性が結婚難に直面

図表 1 - 2 ｜ マレーシアと中国の2050年の人口ピラミッド

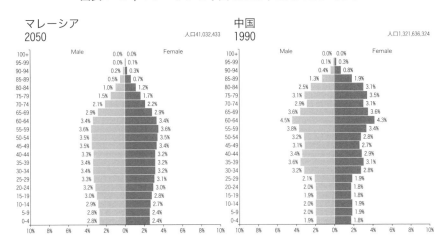

出所：PopulationPyramid.net（2023年に利用）『Population Pyramids of the World from 1950 to 2100』をもとに作成

しているとも言われています。政策が人口ピラミッドに大きな影響を与えることがわかります。

超高齢化社会を乗り越えるための人事管理

改めて，今後の日本企業においては，少子高齢化の進行とともに，生産年齢人口の減少による負担の激増が非常に重要な論点になります。個別企業の人事管理上で最も大きな影響が表れるのは人手不足の問題です。新たな人材を採用しようとしても，若手社員採用のハードルは，今よりも驚くほど高くなります。**中高年社員，ないしは60〜65歳の前期老齢人口の戦力化が，避けては通れない極めて重要な施策**です。さらには，**65歳以上の社員の活用**も視野に入れなくてはなりません。

人手不足，老齢社員の徹底活用に加え，女性活用，外国人活用，BPR（ビジネスプロセス・リエンジニアリング）の推進なども含めて，30年後に向けて現時点から改革を進める必要があります。日本全体としても，個別企業としても人口問題は徐々に深刻さを増すことになりますので，改革・改善のタイミングがとりづらいと言われています。しかし，今からこれらの施策を実施しなければ，若手社員は離職していき，再教育や意識改革ができていない中高年，老齢社員のみが在籍する企業となってしまう可能性が非常に高いと言わざるを得ません。今一度，日本の人口ピラミッドおよび自社の社員構成を再認識する必要があります。

〉〉〉 施策事例

事例1 ｜ 中高年層のリスキリング

　少子高齢化の進行，および生産年齢人口の減少による人手不足を補うためには，中高年社員ないしは60〜65歳の前期老齢人口の戦力化を目指した**リスキリング**が極めて重要な施策となってきます。スキルの棚卸，組織の中での今後の役割や役割遂行に必要なスキルの明確化，計画的に研修やEラーニングを受講させるなどの施策が必要になります。また職場においても，上司が中心となって**側面支援**を行うことで，現場で活躍できる体制を組み，取り組んでいくことが重要です。

事例2 ｜ M字カーブを解消，安定した女性のキャリア形成の支援

　今後，少子高齢化が進行する社会を支えていくためには，出産という負担もある女性の活躍を推進していくことが大変重要です。出産・育児を機に女性のキャリア形成が中断することのないように，継続的に就業がなされる環境の整備を進めます。**短時間・短日勤務，フレックスタイム，在宅勤務制度の導入**，急な休みの発生への対応（半日単位や時間単位の有給休暇の導入）など，勤務時間の柔軟性の確保が有効です。また，労働時間に見合った業務量ならびに役割に見合う業務内容の配分を進め，**職場全体での業務の見直しと効率化の推進**，サポートなどで貢献した**従業員への適切な評価**も必要です。

事例3 ｜ 外国人労働者の積極的な採用

　中高年層や女性の活躍が進んでも，将来的な労働力不足は避けられません。今後は**外国人の労働者**も受け入れていく必要があります。外国人の採用と入社後のキャリアプランがイメージしやすいように，**職種別の採用**を実施します。また，採用後も安心して働いてもらうため，帰郷のための長期休暇取得を促進できるように，外国人社員に対しても**十分な有給休暇を用意**し，社員食堂では**宗教などにも配慮**した食材のメニューなども準備します。ビジネス・コミュニケーション能力を高めるために，会社が必要な教育費用を補助することで，**外国人社員の日本語能力の向上を支援**することも有効です。

02

産業別雇用者数
大きな変化を続ける産業別雇用者数

産業構造の変化による労働移動

　19世紀イギリスの産業革命は，都市近郊の農業などの第一次産業から第二次産業の製造業への労働移動を引き起こしました。さらに，ここ200年では先進国を中心に，サービス業などの第三次産業の発展，IT革命などを経て，大きく産業構造が変わってきました。こうした歴史的経緯を踏まえ，日本の産業における人事管理においても，雇用者数の推移を中期的に見ていくことがとても重要です。日本の雇用者数は，景気が安定してきた2013年以降，2020年までの7年間で約180万人増加しています。しかし，すべての産業において増加しているわけではありません。雇用者の増減数（2013年比2022年データ）を産業別に見てみると，雇用者数が増加している主な産業は「医療・福祉」，「情報通信業」です。「医療・福祉」，「情報通信業」の雇用者増加数は雇用者全体の約50％を占めており，雇用増加が集中していることがわかります。

「医療・福祉」，「情報通信業」は増加，「建設業」は減少

　「医療・福祉」は，今後も高齢化社会がある程度進み，2025年問題（国民の約3割が高齢者となる），そして2040年問題（後期高齢者人口の「ピーク」）が待ち構えていますが，引き続き人材のニーズは増え続けていくでしょう。そして「情報通信業」の増加には，どの産業においてもICTの革新・利活用が進んでいる背景があります。DX推進を掲げる企業の増大，ネットワークサービスの普及によるサービスのIT化，そしてそれを支えるインフラや運用，コンサルティングなどの周辺サービスの拡大により，人材は枯渇し，まさに取り合い状況の様相を呈しています。このように，雇用者数の増減要因の1つに，社会環境の変化やテクノロジーの進化に伴い，サービス提供のニーズが高まり，労働需要が拡大してきたことが挙げられます。

　一方，雇用者数が減少している主な産業は「建設業」，「生活関連サービス

図表 1 - 3 ｜ 産業別雇用者数増減数・増加率（2013年比2022年データ）

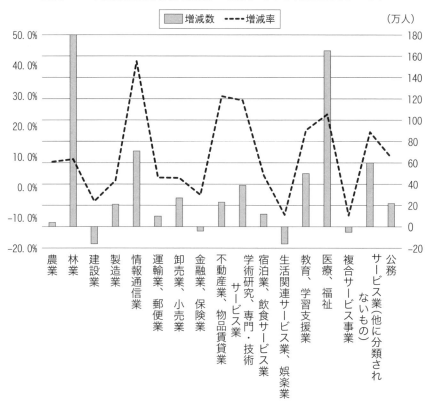

注：15-64歳の生産年齢人口における雇用者数（うち役員を除く正規および非正規社員）デー
　　タを活用。
出所：総務省統計局（2022）『労働力調査結果』

業」です。これらの産業における雇用者の減少数は全体の約80％を占めていま
す。「建設業」は有効求人倍率が常に高い業種ですが，ボリュームゾーンとな
る高齢者の引退が進んでいること，そして肉体労働のイメージが強いため，就
業希望者数が低迷し，常に人手不足に苦しんでいます。昨今は工程管理や重機
のIT化が進み，施工効率を高める努力もみられ，何とかその不足する人員を
補ってきました。今後も一定のオートメーション化は進んでいくことが考えら
れますが，すべてを自動化できるとは考えられません。

　「建設業」は，この先，社会インフラの老朽化や国際競争力を高めるための都市や観光地区の開発ニーズ拡大などが想定され，今後も常に人材ニーズがある産業であると言えます。「建設業」に魅力を感じてもらい，人材を確保していくこと，「建設業」を働きやすく，やりがいのある職業イメージにしていくことが重要です。

人事施策を産業構造の変化に対応させる

　このように，社会環境の変化やテクノロジーの進化に伴って産業構造は常に変動しており，労働需要の縮小・拡大が産業別に起こります。人事管理においては，将来にわたる事業継続のために当然注視していくべきデータであると思いますが，事業推進や事業領域の変化に対応していくために，**新たに必要となる人材像を再設定**し，求める人材の採用，育成，活用，定着などの**さまざまな人事施策を社会環境の変化に対応させ，効果的に講じていく**ことが求められています。

〉〉〉 施策事例

事例1｜付加価値の高いサービスへのリソース移動

　顧客から受け取るレポートの情報を打ち込み，一覧化する業務に膨大な時間がかかることが課題となっていた企業の事例です。**RPAを導入し**，入力作業を自動化したところ，事務員に発生していた工数が大幅に圧縮されただけでなく，正確性も高まりました。今後，単純作業の自動化を継続的に進め，企画やコンサルティングサービスに人材のリソースを移動させていく方針です。そのため，より企画力や対人面でのスキル向上を目指した**教育研修を拡充**しています。

　　▶RPA：Robotic Process Automationの略語。パソコンを使って行う定型的な作業をソフトウェアロボットに代替させることで自動化できるツール

事例2｜事業の衰退に即したリストラクチャリング

　現在の事業が衰退し，経営が悪化していくことが明確なのであれば，使用者が社員に対して合意解約を行う，いわゆる**退職勧奨**や**希望退職制度**を実施することも選択肢として考えるべきです。その目的，応募条件（年齢・勤続年数・職種など），期限，人数などを公表しなければなりません。そして，希望退職制度に応募した人など，会社都合で退職が決まった人の**次のキャリアをサポートする仕組み**，**再就職支援（アウトプレースメント）の活用**も大変重要で，新たに発展していく産業への労働移動を後押しすることもできます。

事例3｜医療現場での人手不足を解消するための効果的な教育

　日本は現在，急速に高齢化が進み，医療・福祉分野においては看護師・介護士の深刻な人材不足に陥っています。ある病院では，新人看護職員を支えるために，入社3カ月は，周囲のスタッフだけでなく**全職員が新人教育にかかわる**ことで，新人看護職員の**臨床現場への早期適応**を目指します。また，各看護単位の看護の役割と特徴を理解することを促すために，ローテーション研修を1〜2年にわたり実施します。

03

労働力人口
多様な人材の活用と労働力需要の抑制がカギ

鈍化する労働力人口の伸び

現在，日本の人口は減少傾向にあり，同時に労働力も伸び止まりを見せています。労働力人口の過去の推移を見ると，1990年代半ばまでは増加傾向にあり，1990年以降は伸び止まり，そして若干の減少傾向にありました。2010年代半ばからは，わずかながら減少に歯止めがかかっています。女性や高齢者の活用によって労働力の内訳を変えることにより，大幅な減少を免れている状況ですが，いずれは減少傾向に転じるでしょう。ちなみに，労働力人口とは満15歳以上のうち労働する意思と能力を持った人口を指します。具体的には，実際に働いている人のほか，労働の意思や能力があるものの失業中の人が含まれており，満15歳以上であっても専業の学生や主婦は除かれています。

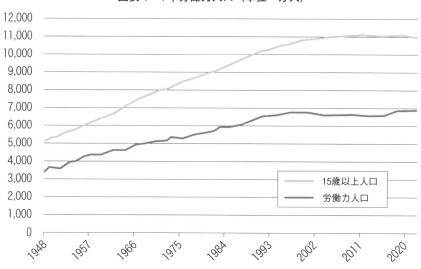

図表1-4 | 労働力人口（単位：万人）

注：労働力人口の1952年以前は14歳以上人口のうちの該当する者。
出所：総務省統計局（2022）『労働力調査結果』

激増する60歳以上の労働人口

　年代別の就業者数と就業者に占める60歳以上人口の割合を見てみると，就業者全体の数は1995年をピークに減少傾向にあるものの，60歳以上の就業者は増加しています。60歳以上の就業者は1980年時点で約540万人でしたが，2020年には約1,360万人と2.5倍の伸びを見せています。就業者全体に占める割合においても，1980年頃までは9％前後で推移していたものの，2020年時点では23.6％とやはり大きく増加しています。今後は，少子高齢化により59歳以下の労働力の確保がますます難しくなるため，労働力を充足すべく定年延長や定年再雇用はさらに進み，60歳以上の就業者は増加するでしょう。

図表1-5 ｜ 年齢別就業者数・60歳以上割合

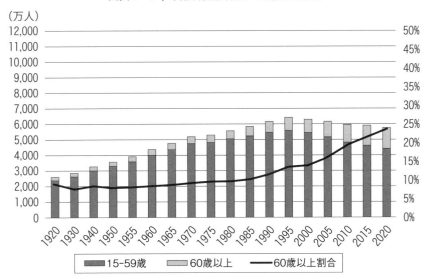

出所：総務省統計局（2020）『国勢調査結果』

増加する女性割合

　男女別の就業者数と就業者に占める女性の割合を見ると，男性の就業者数は労働力人口・就業者数全体の推移と同様に伸び止まり，1995年以降は減少傾向にあります。一方，女性の就業者数は1995年から近年に至るまで2,600万人前後の水準でほぼ横ばいに推移しており，労働者に占める女性労働者の割合は増加傾向にあります。労働力人口の減少に伴って，いずれは女性就業者数も伸び止まりを見せると思われますが，当面は女性労働者の割合が増え，労働市場全体や各企業内の労働力構成が大きく変わっていくでしょう。

図表 1 - 6 ｜ 男女別就業者数・女性割合

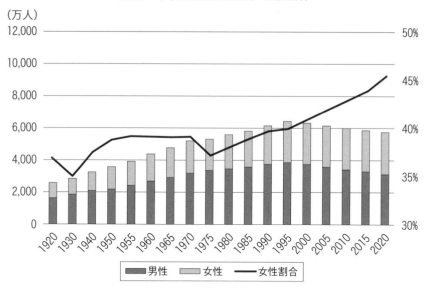

出所：総務省統計局（2020）『国勢調査結果』

変化する労働力人口の内訳とその対応

　女性・高齢者のほかに外国人労働者の活用も年々進んでおり，2008年の48万人から2020年の172万人へと約3.5倍に増えています。少子高齢化により日本全体の人口が減少する中，今後も労働力人口が大きく増加することは考えづらい状況です。国内労働力の減少や構成の変化を受けて企業内のポートフォリオも大きく変化していくことでしょう。

　たとえば，1980年以前は外国人や高齢者の労働者は割合的にはほとんどおらず女性も3分の1程度でしたが，近い将来，男女が5：5の割合となり，外国人労働者が労働者全体の10％を超え，高齢者の割合も現在と比べて非常に高くなるでしょう。今後に目を向けると，労働力の需給コントロールが重要性を増します。前述のとおり，労働力は減少傾向になるので，女性や高齢者・外国人の活用によってダイバーシティを促進し供給量を増やすことが必要です。そして，ITやロボティクスなどの先端技術の活用や生産性向上施策によって，そもそもの労働力需要を抑えることも重要となります。迫り来る労働力人口の不足を前に，各企業は女性・高齢者，外国人を戦力化しやすい労働環境の整備と，従業員の生産性向上施策，そして先端技術の活用による労働力需要の抑制を両立しなければなりません。

〉〉〉 施策事例

事例1 │ 徹底した省力化，機械化と人数コントロール

　大都市部でない地域にある企業で，今後地域の労働力需要が大幅に減少することが予測されていました。そのため，この企業では限られた労働力で企業運営を可能にするために，**社内の業務の徹底的なシステム化，自動化**を推進しました。数年間，さまざまな投資を行い，業務を改革した上で必要な社員数を算定した結果，現在の社員数よりも20％程度少ない人員で運営できることがわかりました。現在は早期退職優遇制度などを設置し，**適正な人員数**を実現するためのコントロールを継続して行っています。

事例2 │ 再雇用の延長による労働力不足解消

　60歳定年で，その後5年間は再雇用となる制度を導入した事例です。60歳以降の社員の中には，現役時と同じパフォーマンスを上げる社員もいれば，逆にパフォーマンスが大幅に低下する社員もいます。そのため，今までは再雇用の給与として退職時の給料の6割の額を一律に設定していましたが，これを改め，60歳以降の社員に対しても，担当する職務やパフォーマンスによって大きく処遇の差をつけることにしました。また，65歳を過ぎてもパフォーマンスの落ちない，継続勤務を希望する社員に対しては，雇用を継続することとしました。さらに，今までの65歳で一律退職という制度から，65歳以降の再雇用の延長を制度化しました。

非正規割合推移
倍増した非正規割合

増え続けてきた非正規雇用者

　非正規社員は，契約社員やパート，アルバイト，そして派遣社員など，有期の期間を前提に雇用契約を締結する雇用形態の社員の総称です。近年では，非正規雇用者の活用の弊害や限界も指摘されていますが，過去の経緯からその課題が見えてきます。非正規雇用は，1950年代からの高度経済成長期の出稼ぎ労働者や臨時工の増加，1960年代後半以降の有配偶女性のパートタイム雇用者の増加，1980年代後半以降の派遣労働者，有期契約労働者の増加といったように，雇用形態を変化させつつ，増加してきました。

図表1-7｜労働力人口構成：雇用形態別労働者数と非正規割合

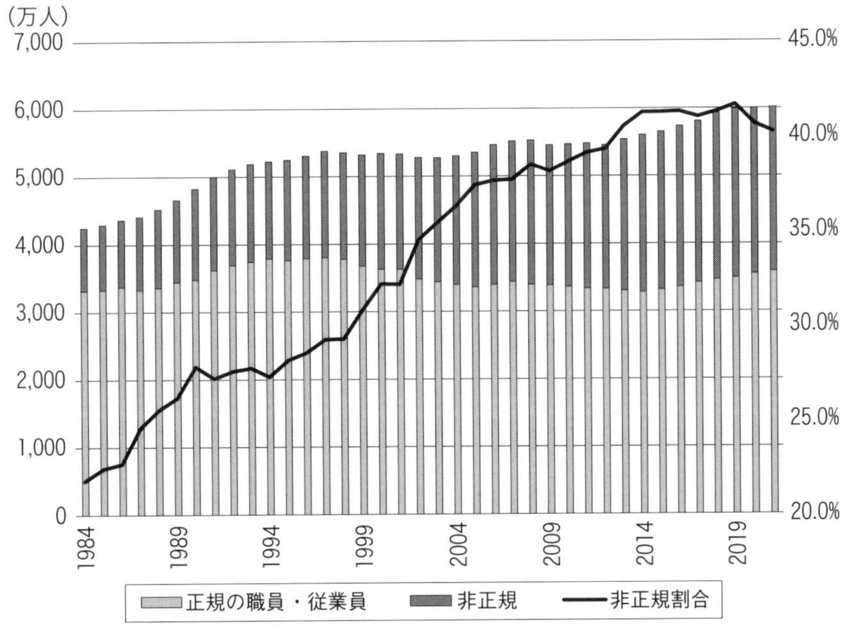

出所：総務省統計局（2021）『労働力調査結果　長期時系列表9』

　平成の約30年間をさらに詳細に見ていくと，雇用者に占める非正規雇用者の割合は約２倍へと大きく増加していることがわかります。1989年の非正規割合は約20％でしたが，2019年には約40％と，雇用者の５人に２人が非正規雇用者となっています。1997年の消費税増税や1998年の金融危機の影響から景気が急速に悪化し，特に1998年から2003年までの５年間は，非正規割合の伸び率が突出して高くなっています。この５年間の雇用者全体の内訳を見ると，正規雇用者数が減少し，非正規雇用者数が増加しています。景気の悪化を理由に，各企業が非正規化を進めたのです。

　非正規雇用者の年代別の内訳を見ると，近年は65歳以上の割合が増加しています。この背景には，人口構造上ボリュームゾーンとなっていること，健康寿命が延びてきており高齢でも働ける人が増えたこと，社会保障費の増大などにより，働いて収入を得ないと年金だけでは生活が難しくなってきていること，労働力人口の減少により企業側にも雇用ニーズがあることなど，さまざまな要因があります。

図表１-８｜年齢階級別非正規雇用者推移

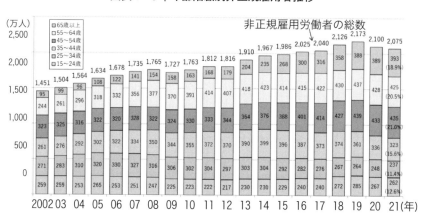

出所：総務省統計局（2021）『労働力調査　長期時系列データ（詳細集計）』

進む非正規雇用者の処遇条件の改善と新たな課題

　企業側としては，これまで人件費をできる限り抑え，利益を確保する目的で，非正規雇用者の活用を進めてきましたが，こうした目的での非正規雇用者の活用はあらゆる問題をはらんでいました。たとえば，非正規雇用者の賃金の低さ，経年での賃金上昇の低さ，業績の調整弁とされることからくる不安定な収入，社会保険への未加入などです。近年，そういった問題を解決するために，同一労働同一賃金や無期転換の促進，社会保険の加入対象の拡大など，非正規雇用者の処遇改善への動きが見られるようになり，不本意な非正規雇用者の数も減ってきています。引き続き，非正規雇用者の処遇が正規雇用者並みに引き上げられることや，非正規雇用者の正規雇用化が進むことが見込まれます。これを受けて，非正規雇用者の活用を進めてきた企業の人件費は大きく押し上げられることとなるでしょう。

　たとえば，総従業員数100名，非正規雇用者の比率が50％の企業で，非正規雇用者全員を正規雇用化するとします。正規雇用化に伴い給与水準の引上げや賞与の支給などを行い，1名当たりの人件費単価が200万円増加する場合には，企業全体で1億円もの追加の人件費が発生します。非正規雇用者にとっては処遇改善となり，大変望ましいことと思いますが，企業にとっては**人件費構造や利益構造の見直し**が急務となります。

求められる非正規社員のやりがいと生産性の向上

　現役世代の非正規雇用労働者は，2010年以降増加が続いてきましたが，2020年以降は減少しています。今後，非正規割合の伸びは鈍化し，その後は減少傾向になることが予想されます。一方で，65歳以上の非正規雇用者の比率はますます増加していくことが予想されています。この要因の1つに，正規雇用者が定年を迎え再雇用者となり，その数が増加すると見込まれるということがあります。

　企業は今後，非正規雇用者と正規雇用者との待遇の差がなくなっていくことに対して，改めて経営計画を達成するために，人材ポートフォリオを見直し，さらに負担が大きくなる人件費をしっかりと利益に転嫁できるように，今まで以上に生産性を高めていくことが求められていると言えます。

>>> 施策事例

事例1｜非正規雇用者を含めた人材ポートフォリオの見直し

　非正規雇用者に対する方針を見直すとともに，定期的に，期間契約をしていく非正規雇用者と無期で活躍してほしい非正規雇用者，そして正規雇用者とのすみわけを明確にするなど，適切な管理が求められます。同一労働同一賃金という制約を守りつつ，**正規雇用者とのバランスを考慮した待遇や，公平な評価を実現していくことも重要です**。非正規雇用者というと最低賃金を意識した時給の管理が行われていることが多いと思われますが，仕事の内容によっては正規雇用者と変わらない水準の時給とすることを検討していく必要があると言えます。今後，多様な雇用形態の社員が働くことを踏まえ，**各社員の情報を一元的に管理し**，適切に個々の人材をマネジメントし，パフォーマンスを高めていくことも重要になります。

事例2｜生産性を高めるための教育の計画的実施

　非正規雇用者についても「計画的な教育訓練（OJT）」，「入職時のガイダンス（Off-JT）」を導入します。教育施策を講じることで，より早期の戦力化や従業員の自己効用感の醸成を目指します。そして，定期的にサーベイを実施し，エンゲージメントを高めるため，改善施策を検討する管理職や指導役に向けたワークショップを継続的に実施し，**非正規雇用者の戦力化，採用競争力，定着率を高め，生産性の向上を目指します**。

大卒者数統計
総合職・高度専門職の候補者が倍増

激減する若者

　現代の日本では，少子化が著しく進んでいます。**図表 1 - 9** は，出生数と22歳人口を示しています。1989年には約125万人が生まれていましたが，2015年時点では約100万人と，平成の約30年間に20％も減少しています。また，大学を卒業する年齢に当たる22歳人口も1995年をピークに減少し続けており，2015年にはピーク時の約 6 割にまで急激に減少しています。

図表 1 - 9 ｜ 22歳の人口の推移

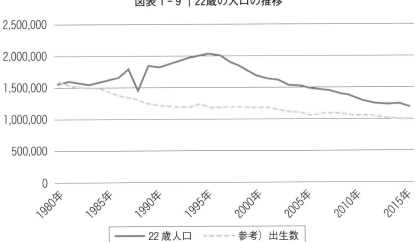

出所：総務省統計局 （2020）『人口推計「長期時系列データ（大正 9 年～平成12年）（平成12年～27年）」』
　　　厚生労働省 （2020）『人口動態調査』「人口動態統計（確定数）出生」をもとに作成

急激に伸びた大学進学率

　一方で，**図表1-10**の大学進学率（高校卒業者のうち大学へ進学する人の割合）に目を向けると，1989年の約25％から2015年には約52％へと倍以上に増加しています。**図表1-9**とあわせて見てみると，子どもの数自体は減っている一方で，大学に進む人の割合は大きく増えていることがわかります。

図表1-10｜大学進学率

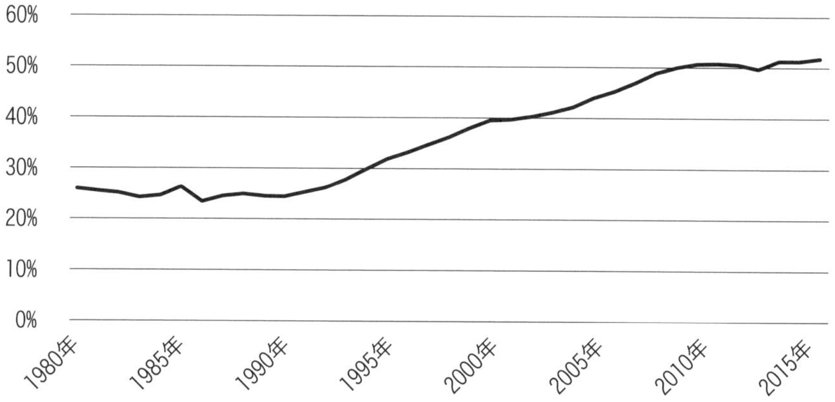

出所：文部科学省（2023）『学校基本調査年次統計　進学率（昭和23年〜）』をもとに作成

減少しない大学卒業者数

　さらに，**図表1-11**にて大学卒業者数の推移を見てみると，年により多少の増減はあるものの，基本的には増加傾向です。1989年には約40万人が大学を卒業していますが，2015年には大学卒業者数は約56万人にまで増加しています。大学卒業者数に占める就業者数の推移を見ると，一部景気の好悪の影響を受けている年がありますが，基本的には毎年大学卒業者数の7割程度の人が就業しています。その数も，大学卒業者数と同じく増加傾向にあることがわかります。

図表1-11｜大学卒業者数・大学卒業後の就職者数の推移

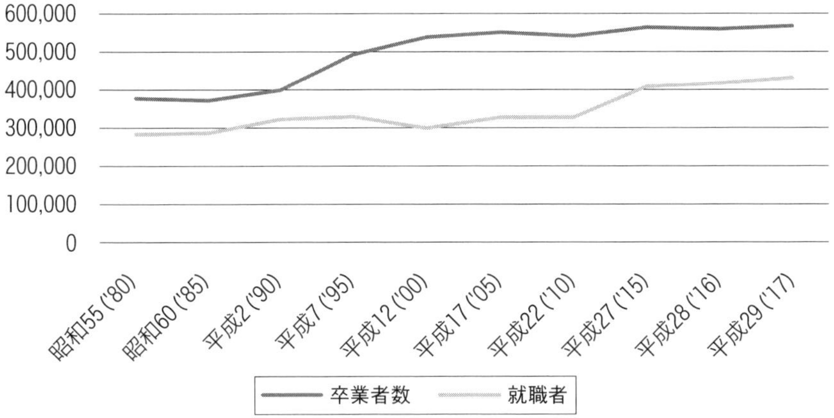

出所：文部科学省（2018）『文部科学統計要覧（平成30年版　11.大学)』

変わる新卒雇用

　これらのデータから，子ども・若手の数自体は減少しているものの，大卒向け新卒採用の母集団は増加していることがわかります。今後も経営幹部・管理職の候補となる総合職人材や高度専門職等の採用の状況は大きく変わることはないでしょう。一方で，若手の人口自体は減少しながら大卒が増加しているため，高卒・専門卒・短大卒等では採用母集団が縮小傾向です。労働市場におけるこれらの人材の供給は不足する見込みであり，企業の採用のあり方に変化をもたらすでしょう。具体的には，これまで高卒・専門卒・短大卒等を採用してきた人材を**若手以外の人材に置き換えたり，社外へのアウトソーシングを活用**したりするなど，**多様な人材の活用**が進むことが考えられます。

〉〉〉 施策事例

事例1｜計画的な新卒採用の実施

　人事管理の観点から，企業の継続性とは，社員の適正な新陳代謝が行われていることと言えます。急成長していない場合には定年退職する社員，自己都合で辞める社員の人数を新卒で採用することが重要となります。しかし，適正な人数を大きく上回って新卒採用する企業も多くみられます。原因はいくつか考えられますが，時の経営者の指示によるケースや，少子化により大卒社員が減少すると誤解して必要以上に多くとるケースも見受けられます。逆に，採用人数が適正な人数に満たないケースもあります。単年度では大きな問題になりませんが，これが複数年続くと人材の新陳代謝に大きな支障が出ます。有効な施策としては，社員の新陳代謝の構造を明確にし，**適正な新卒採用人数は何人であるか**を算定することになります。

事例2｜新卒の職種別採用

　多くの企業では，大卒者は総合職として採用します。もちろん一部の研究職や専門職等は別途採用することがありますが，多くはさまざまな業務を経験させることを目的として総合職として採用しています。総合職は，将来的に役員や管理職を目指すものです。しかし，企業の人員構成の観点からは，実際には管理職になる社員は一部であり，その他の社員は営業や内部管理，製造などの実務を定年まで続けることになります。こうした将来のキャリアを見据え，**職種別の観点から新卒を職種別に採用する施策**も有効です。

都道府県別人口
深刻化する人口減少と都道府県間格差

人口の大都市集中化

　わが国の人口は，2008年をピークに減少が始まり，2011年以降9年連続で減少しています。国立社会保障・人口問題研究所の調査によると，2050年代後半には1億人を割るという推計まで出ています。また，人口減少問題を都道府県別にみると，より深刻な状況がわかります。たとえば，都市部への一極集中で都道府県間の人口格差が広がっています。その結果，人口減少の著しい都道府県はマーケットとしての魅力を大きく失いつつあります。この都道府県別の人口の変化は企業の活動エリアやビジネスモデル，働き方に極めて大きな影響を与えることが予測されます。

図表1-12｜都道府県別人口ランキング（2015年時点）

上位25%　　　　　　　　　　　　　　下位25%　　　　　　　　　　（千人）

順位	都道府県	2015年	2030年※	増減数	順位	都道府県	2015年	2030年※	増減数
1	東京都	13,515	13,883	367	36	宮崎県	1,104	977	-127
2	神奈川県	9,126	8,933	-193	37	富山県	1,066	955	-112
3	大阪府	8,839	8,262	-577	38	秋田県	1,023	814	-209
4	愛知県	7,483	7,359	-124	39	香川県	976	889	-88
5	埼玉県	7,267	7,076	-190	40	和歌山県	964	829	-134
6	千葉県	6,223	5,986	-237	41	山梨県	835	724	-111
7	兵庫県	5,535	5,139	-396	42	佐賀県	833	757	-76
8	北海道	5,382	4,792	-590	43	福井県	787	710	-77
9	福岡県	5,102	4,955	-146	44	徳島県	756	651	-104
10	静岡県	3,700	3,380	-320	45	高知県	728	614	-114
11	茨城県	2,917	2,638	-279	46	島根県	694	615	-79
12	広島県	2,844	2,689	-155	47	鳥取県	573	516	-57

	2015年	2030年※	増減数
全国	127,095	119,125	-7,970

※2030年は推計データ

注：2015年時の人口ランキング上位・下位25%を抜粋したもの。また，2030年時の数値はランキングではなく，2015年時のランキングに入っている都道府県の2030年時データである。
出所：国立社会保障・人口問題研究所（2018）『日本の地域別将来推計人口（平成30（2018）年推計）』

変わるマーケットの魅力

　人口の絶対数で見ると，2015年は上位25％の都道府県だけで全人口の60％の割合を占めています。一方，下位25％の都道府県が全人口に占める割合は8％程度です。以上から，一部の都道府県に人口が集中し，人口格差が発生していることがわかります。2030年時（推計）の人口で見ると，ランキング上位では，東京都，神奈川県，愛知県等は数値が大きく変わらず，依然としてマーケットの魅力が高いと言えます。一方，大阪府と北海道は減少数が約60万人と大きく，マーケットの魅力が大きく下がります。

　また，ランキング下位では，宮崎県，富山県，秋田県が100万人を割ります。このことから，相対的な増減数は平均程度ですが，マーケットとしての魅力の低下は避けられません。

より深刻な人口増減率

　都道府県別の人口の増減率を見ると，全国的に東北地方・四国地方の減少率

図表 1-13｜都道府県別人口増減率（対2015年比）

上位25％

順位	地方	都道府県	2030年※
1	関東	東京都	2.7%
2	九州	沖縄県	2.5%
3	中部	愛知県	-1.7%
4	関東	神奈川県	-2.1%
5	関東	埼玉県	-2.6%
6	九州	福岡県	-2.9%
7	近畿	滋賀県	-2.9%
8	関東	千葉県	-3.8%
9	中国	広島県	-5.4%
10	中国	岡山県	-6.5%
11	近畿	大阪府	-6.5%
12	近畿	京都府	-6.9%

下位25％　　　　　　　　　　　　　　　（%）

順位	地方	都道府県	2030年※
36	四国	愛媛県	-12.5%
37	九州	鹿児島県	-12.8%
38	中部	山梨県	-13.2%
39	九州	長崎県	-13.4%
40	四国	徳島県	-13.8%
41	近畿	和歌山県	-14.0%
42	東北	岩手県	-14.3%
43	東北	福島県	-14.6%
44	東北	山形県	-14.8%
45	四国	高知県	-15.6%
46	東北	青森県	-17.7%
47	東北	秋田県	-20.4%

	2030年※
全国	-6.3%

※2030年は推計データ

出所：国立社会保障・人口問題研究所（2018）『日本の地域別将来推計人口（平成30（2018）年推計）』

が大きく，これらの地域はマーケットの魅力の低下度合いが大きいと言えます。減少の理由はさまざまありますが，たとえば秋田県は出生率が低いと同時に死亡率が高い傾向にあります。同時に，県外への流出傾向も強いことから減少率が大きくなっている可能性が高いです。

都道府県別の人口の変化に対応するために

　都道府県別に見た人口の減少傾向は，ビジネスの仕方に大きく影響を与えます。

　たとえば，100万人を切る都道府県の場合，ビジネスを行う単位として見られなくなる可能性があります。そのため，支店の設置を県別ではなく中規模の地域単位で行って事業拠点を統合するなど，マーケット運営の効率化が進みます。

　それに伴い，リモートワークなど社員の働き方を変える必要性が生じます。特に，人口減少率が高い都道府県の場合，今後急速にマーケットとしての魅力が失われますので，組織のあり方を早急に考えなければなりません。

　また，都市一極集中の傾向によって，地域間の物価差がより大きくなる可能性もあります。そのため，働く地域によって社員の給与をコントロールすることが必須となります。

〉〉〉 施策事例

事例1｜地域の集中と選択

　これまでは，全国すべての都道府県で展開するという理念を掲げて営業をしていましたが，近年，都道府県別に見ると，売上高や利益率が毎年大幅に減少するところが散見されるようになってきました。利益率を重要視すると，いくつかの都道府県からは撤退したほうが望ましいと判断され，複数の都道府県で支店を廃止しました。また，都道府県単位で設置していた支店について，複数の都道府県の支店を統合する組織変更も同時に行いました。**経営資源を都道府県別に集中選択した事例**です。

事例2｜在宅勤務の導入

　全国展開している企業で，各都道府県に支店・営業所を設けていましたが，約半数の都道府県では，物理的な設備を設置しても十分かつ効率的な営業が困難でした。そのため，組織を大幅に変え，営業困難な都道府県では社員の在宅勤務，リモートワークを導入し固定コストを削減しました。

女性の就業者数推移
女性が活躍できる環境の整備に向けて

急増する女性就業率

　昨今，日本では女性の社会進出が進み，就業者数が増加しています。

　女性就業者数は2020年時点で約2,620万人となっており，2000年の2,450万人から180万人も増加しています。そのため，今後は女性就業者がより活躍できる基盤をさらに整備することが重要な経営課題となります。

　日本の生産年齢人口（15〜65歳未満）が減少を続けている中，女性就業者数が増加している背景として，女性就業率の飛躍的な向上が挙げられます。

　女性の生産年齢人口は2000年で約4,300万人でしたが，2020年では約3,700万人と大きく減少しています。その一方で，女性の就業率は2000年に57％でしたが，2020年では70％を超えているのです。

　女性の就業率向上の主たる要因は次の３つと考えられます。

　まず，労働需要の増加です。少子高齢化に伴って生産年齢人口が減少し，社会的に労働力の不足が叫ばれていました。

　次に，女性の就業意識の変化です。たとえば，世帯年収の減少に伴って専業主婦世帯では従前の所得水準を維持できなくなり，労働参加している背景があります。

　さらに，労働参加を促す政策等の法整備が進んだことも理由に挙げられます。

図表 1 -14｜女性の就業者数・就業率推移（15-64歳）

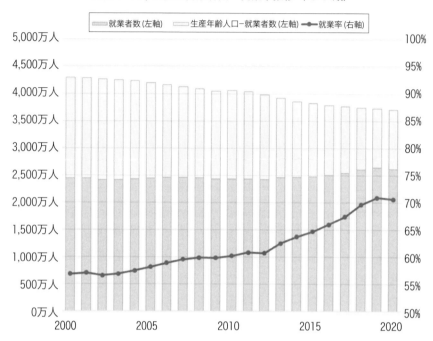

出所：総務省統計局（2022）『労働力調査結果』，総務省統計局（2022）『人口推計』

各国比較でも高い女性就業率

　わが国の女性就業率をG 7 各国と比較すると，2005年頃までは 7 カ国中 6 位で他国に遅れを取っている状況でした。そして，この間，上位 3 カ国と比較すると毎年約10％もの差が開いています。

　しかし，直近の2021年時点では 1 位のドイツ， 2 位のイギリスにわずかに及ばないものの，カナダを上回り 3 位に位置づけ，大きく躍進しています。また，日本の増加度合いは 1 位のドイツ， 2 位のイギリスより大きいため，この傾向が継続すれば 5 ～10年程度で日本の順位が 1 位になる可能性があります。

図表1-15｜女性（15-64歳）の就業率推移　主要国比較（G7）

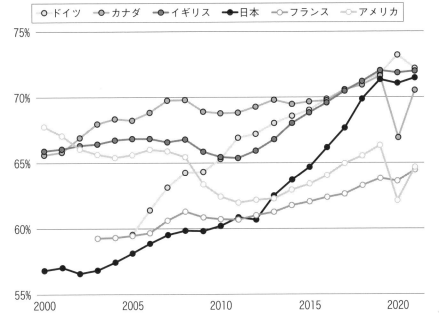

注：イタリアは直近約20年間連続最下位で比較とならないためデータから除いている。
出所：OECD（2021）Employment rate（indicator）. doi: 10.1787/ 1 de68a 9 b-en（Accessed on 12 March 2021）

さらなる就業率向上のために

　短期的には，新型コロナウイルスによる経済活動低迷の影響により，就業率の増加傾向が鈍化する可能性があります。しかしながら，中長期的には再度増加傾向に転じるのではないでしょうか。なぜなら，少子高齢化に伴う慢性的な人手不足や，女性活躍推進法の改正等，政府による働きかけが継続すると考えられるためです。日本は労働需給という観点では需要が多く，慢性的な労働力不足の状態です。そのため，女性就業者の増加は人手不足の解消という点で効果があります。ただし，就業者数の急速な増加とともに，今後は就業の“質”が大きな課題となります。男女が平等かつ働きやすい環境を整備することが喫緊の課題ということです。そのためには，企業における意識改革と働き方の改

革が必要となるでしょう。意識改革とは,「仕事のチャンスは男女平等に与えられる」という考えを醸成することです。仕事は男性が担い,家事・育児は女性が担うという考えを改める必要があります。たとえば,男性の育児休暇を推進することで,家事・育児を男女平等に分担する意識を育てることができるでしょう。また,家事・育児をしながら効率的な働き方をするための具体的な施策の推進も必要でしょう。たとえば,テレワークの徹底した活用などがその代表的なものになります。

⟫⟫ 施策事例

事例1 | 男女平等の人事制度へ改定

　これまで新卒社員を総合職と一般職で採用していた卸売業の会社の事例です。総合職は結果として男性が中心であり,一般職は全員が女性でした。今後,男女平等の社会的要請に対応し,女性がより就労しやすくするために,総合職に関しては男女の差なく採用することとしました。また同時に,産休,育休の制度を再整備し,男性社員も育休を取得するように強く要請することとしました。女性は特にライフイベントによって昇格が遅れがちでしたが,今後は**実力主義を前提として年功的な管理をやめ,育児後に職場復帰しても昇格に不利にならない環境を整えました**。また,一般職に関してはシステム化,自動化の推進により採用数を大幅に減少,また男性も採用する方針に切り替えました。

事例2 | 非正規社員の処遇改善

　女性社員は非正現社員比率が高く,契約社員,パート・アルバイトがメインとなる会社の事例です。契約社員などは正社員と同じ仕事をしていましたが,処遇が非常に低く,定着率が悪化していました。今後は契約社員から正社員への登用の制度を設置するとともに,5年間雇用したのち,無期雇用への転換を積極的に推進し,また処遇も大幅に改善することとしました。パート・アルバイトについては流動性が高い状態でしたが,各種サーベイなどを行い,退職率低減のための措置を検討しました。1つには同じパート・アルバイトでも実力に応じて大幅に賃金を変更できるようにしました。

第 2 章

労働市場に関する主要データ

　現在，日本では失業率が非常に低い水準を維持し続けています。しかし，近年の環境変化により，労働市場は大きく変わろうとしています。企業としては会社に貢献する人材を多く採用し，定着させることが重要になります。

　環境変化の第一として挙げられるのは，労働力人口の減少および高齢化です。若い人材を大量採用することが難しくなる中，採用方針を見直し，女性のさらなる活用，高齢者の再活用，外国人労働者の受入れなどが人事課題となるでしょう。当然，採用のターゲットも変わり，採用方法なども大幅に見直さなければなりません。今後，日本の人口は毎年50万人程度減ることが予測されます。そのため，既存の人事や採用の考え方を根本的に変えることが求められます。

　第二として，産業構造の変化が挙げられます。市場規模の縮小や合理化等により，人材が過剰となる業界も出てくるでしょう。一方で，AIをはじめとした情報産業などは，高度な人材を今までよりも桁が違うほど必要とすることになります。高度な情報技術者などは，企業間での取り合いが激化していくことになるでしょう。また，人材不足の代表的な業界として医療・福祉が挙げられます。特に介護職は，今後の高齢化の進行に比例して，より多くの人材を採用しなければなりません。逆に規模が縮小していく市場については，余剰人材を抱えることになるので，人員削減などの施策が必要になります。

　第三に，実力主義人事制度が各社に普及していくことになります。年齢に関係なく有能な人材を厚遇し，パフォーマンスが上がらない社員は内在する余剰人員となります。流動性が高まる中で優秀な人材や戦力になる人材が外部に流出しないための施策と位置づけられるでしょう。社内の余剰人材に関しては人員削減施策で外の労働市場に放出することになります。

　このように，大きな環境変化に対応するために，早急にさまざまな施策を実施しなければなりません。企業が必要な人材を獲得し維持していくためには，今までの発想にはない経営人事施策が求められていくことになるでしょう。この章では，流動性に関する重要な指標，表，グラフを提示しています。企業単体で人事施策を考える上では，共通の市場認識・環境認識が必要となるため，この流動性に関する最低限の共有物を提供しています。数字を重要視し環境認識をした上で，個別の企業の中の人事制度の改革等は経営陣や管理部門，社員，人事部社員が協議・検討することが必要となるでしょう。

08

失業率推移
完全雇用状態の日本

完全雇用状態にある日本

　イギリスの経済学者W.ベバリッジは，失業率が３％の状態を完全雇用状態と定義しています。直近約30年間の日本の失業率はおよそ２〜５％の間で推移しています。５％に達したのはバブル崩壊後とリーマンショック後であり，一時的に高い水準となっていますが，平均値では約3.4％に留まっています。そして，2016年からは日本の失業率は３％以下を推移し，完全雇用状態にあるとも言えます。失業率がどの程度の水準であれば低いと言えるかについては諸説ありますが，2019年８月に日本の完全失業率が2.2%となった際，総務省は「景気など構造的要因による失業率はほぼゼロとなって」おり，「完全雇用に近い状況にある」との見方を示しています[1]。

　一方で，諸外国に目を向けると，日本と比較しておおむね高い水準で失業率が推移していることがわかります。1991年から2019年の間の失業率を平均値で比較すると，日本では約3.4％であるのに対して，フランス，イタリア，ドイツでは７％を超えており，アメリカ，イギリスでも５％弱の水準です。日本では，諸外国と比較して労働者に対する求人の数が多く，失業率が低くなっているのです。

人材の流動性の低い日本

　新型コロナウイルス感染拡大による経済活動の低迷の影響により，2020年以降に失業率が上昇していますが，日本では他国と比較しても，過去２回のピークと比較しても上昇は少ない傾向です。

　要因はいくつか考えられますが，一番大きな要因として考えられるのは「期間の定めがない無期雇用契約で雇用され，フルタイムで働く」正規社員の解雇は他国に比べると容易ではないということです。正規社員を解雇するには，①法律が定める解雇禁止に該当しないこと，②客観的に合理的理由があること，

図表 2 - 1 ｜ 失業率①（%）（G7）

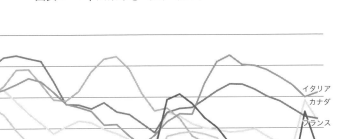

出所：International Labor Organization（ILO）（2022),"Unemployment rate by sex and age -- ILO modelled estimates, Nov. 2022（%）-- Annual"

③解雇が社会通念上の相当性があること，④就業規則および労働協約の手続を経ていることという，いわゆる解雇の4要件を満たす必要があります。

　また，解雇について考える上で，他国との違いは雇用契約の内容です。日本では職務内容を限定しないメンバーシップ型が主流であり，欧米においては従業員に対して職務内容を明確に定義するジョブ型雇用が一般的です。日本以外の社会においては，ジョブに対して人を付ける形式のため，企業戦略の変更によって部署や仕事がなくなったために契約を解除するということは正当な理由であり，ゆえに整理解雇がしやすいのです。一方で日本においては，たとえばある部署がなくなることになれば，別の部署に異動させて正規社員のメンバーとしての地位を維持するということが起こります。ゆえに日本は人材流動性が低く，失業率も低いのです。現在，メンバーシップ型雇用からジョブ型雇用へという動きは活発になり，さまざまな議論がありますが，すぐに抜本的な変革が起こるとは考えづらく，正規社員の雇用を守ることが日本のポリシーと言えるかもしれません。

図表 2 - 2 ｜ 失業率② （%） （G 7 ）

	カナダ	ドイツ	フランス	イタリア	日本	イギリス	アメリカ
1992	9.89	6.38	8.52	5.86	1.84	8.44	6.11
1993	10.17	7.68	9.37	6.72	2.11	8.84	5.59
1994	9.27	8.70	10.51	7.75	2.48	8.30	4.84
1995	8.42	8.12	9.96	8.28	2.75	7.37	4.37
1996	8.49	8.71	10.58	8.47	2.92	6.91	4.18
1997	7.73	9.76	10.73	8.81	2.93	5.86	3.78
1998	6.97	9.79	10.51	9.21	3.61	5.06	3.38
1999	6.32	8.85	10.33	8.98	4.12	4.90	3.14
2000	5.68	7.84	9.04	8.33	4.20	4.40	2.97
2001	6.10	7.77	7.53	7.59	4.48	3.70	3.63
2002	6.47	8.37	7.49	7.37	4.86	3.97	4.62
2003	6.36	9.62	7.26	7.13	4.72	3.63	4.82
2004	5.95	10.44	7.66	6.23	4.23	3.47	4.38
2005	5.66	10.60	7.08	6.25	4.02	3.27	3.96
2006	5.27	9.79	6.92	5.51	3.78	3.76	3.57
2007	5.03	8.23	6.34	4.93	3.50	3.60	3.59
2008	5.07	7.12	5.75	5.57	3.69	3.90	4.57
2009	7.03	7.29	7.05	6.43	4.69	5.51	7.87
2010	6.80	6.60	7.29	6.94	4.71	5.71	8.22
2011	6.27	5.48	7.35	6.90	4.22	5.78	7.61
2012	6.02	5.06	7.87	8.87	4.03	5.62	6.77
2013	5.90	4.92	8.42	10.24	3.80	5.33	6.06
2014	5.76	4.66	8.85	10.66	3.36	4.35	5.02
2015	5.83	4.33	8.84	10.06	3.21	3.79	4.29
2016	5.98	3.80	8.54	10.00	2.95	3.52	4.01
2017	5.46	3.42	8.08	9.73	2.67	3.15	3.61
2018	4.97	3.07	7.77	9.26	2.36	2.92	3.19
2019	4.78	2.85	7.24	8.75	2.20	2.67	2.96
2020	7.76	3.49	6.75	7.98	2.63	3.21	7.05
2021	6.49	3.19	6.61	8.27	2.64	3.79	4.69

出所：International Labor Organization （ILO） （2022),"Unemployment rate by sex and age -- ILO modelled estimates, Nov. 2022 （%） -- Annual"

今後の産業構造の変化で失業率は高くなる？

　すでに「雇用期間に定めがある」非正規社員の無期雇用の義務化が進み，ますます雇用が守られる社会になっていくという見方もあります。果たして日本の完全雇用状態は続くのでしょうか。

　厚生労働省「一般職業紹介状況」から職業別で有効求人倍率を見ると，建築や土木の職業や接客サービス，今後需要の拡大が見込まれる介護や福祉の職業，医療技術者などは有効求人倍率が高く，人手不足の状況にあります。逆に事務的な職業は有効求人倍率が1を下回っており，求人数が求職者数よりも少ない状況です。中長期的に将来を見据えると，このギャップはさらに大きくなる可能性が高く，今後の発展が望まれる産業の人材の確保，また需要の拡大が見込まれる産業への人材の流動性を高めていく必要があります。正規社員の解雇規制についての議論はこういった背景が関係しています。

　そして，高齢化によるシニア層の余剰，産業構造やテクノロジーの変化による労働力に関する需給の変動，働く意識の変化などの影響が予想されます。今後も，建物の老朽化対策や大規模な建築プロジェクトによって建築需要は増えることで人材の需要は高まり，ITや福祉の分野でも同様に求職者数よりも採用数が多くなる一方，事務等の領域では省力化やAI化が進んで採用数が少なくなることが予想されます。労働力の需給のギャップが大きくなることにより，失業率が高くなる可能性があるのです。

●　注
　1　日本経済新聞（2019年10月1日）『8月の完全失業率2.2%，総務省「完全雇用に近い状況」』

〉〉〉 施策事例

事例1 | 新たな職種へのリスキリングの支援

　今後のキャリアに必要なスキルについて上司と相談した上で，社員の希望するリスキリングのプログラム受講を会社が支援する取組みがあります。たとえば，事務職の社員がITスキルを習得することで，仮に事務職社員を削減しなくてはならない場合でも，**社内での配置転換が可能**となった例です。今後の事業環境の変化に対応していくために，新たな事業を展開していく際，人材が不足している職種に対して，社員が希望すれば，**リスキリングを通じて人材を確保できる土壌を作る**ことができます。

事例2 | 働きやすい環境の整備

　有効求人倍率が高い職業の中には，労働条件の厳しさから，良いイメージを持たれにくく，人手が不足していると考えられる職業もあります。失業者から見ても挑戦しづらいものと捉えられるため，転職の際の選択肢に入りにくくなるのです。そのため，働く環境の改善に取り組み，残業削減や，休日，休暇制度の充実，社員同士で気兼ねなくコミュニケーションが取れる施策などを行い，クリーンな職場で働けるイメージ作りを行った結果，働きやすい企業イメージの醸成に成功した例があります。

事例3 | ミスマッチの防止

　就職しても，想像していた仕事内容と異なりミスマッチを引き起こすことから離職し，失業するケースを防止するために，採用時に求職者とのコミュニケーションを綿密に行い，求職者に対して，仕事内容や企業風土などを包み隠さず理解させることで，ミスマッチの防止を行った例があります。また，入社時の適性検査によって，応募書類や面接だけではわからない潜在的な能力や，性質からマッチする部署への配属を行うことで，実力を発揮しモチベーション高く仕事に従事することができるようになりました。

有効求人倍率
不景気は採用のチャンス

景気動向と連動する有効求人倍率

　有効求人倍率とは，ハローワークにおける求職者1人に対する求人件数を示しています。1人の求職者に対して2件の求人があれば，有効求人倍率は2倍となります。倍率が高いと売り手市場（働き手に有利），倍率が1を下回ると買い手市場（雇用者に有利）を意味します。有効求人倍率は景気動向とほぼ一致して動く指数と言われ，特に，新規求人倍率（当月に受け付けた新規求職者1人当たりの新規求人数）は先行した動きを示すため，雇用情勢を見通す際の参考となります。過去の推移を見ると，高度経済成長期やバブル経済のピーク時には2倍を超え，オイルショックやリーマンショック時は1倍を割り，2009年には過去最低の0.42倍を記録しました。それ以降，景気回復により上昇を続け，2020年には新型コロナウイルスの影響を受けて一旦落ち込みましたが，1倍を下回らずに回復し，2022年度時点で2.38倍と人手不足が続いている状況です。

　なお，有効求人倍率はハローワークを経由する求人・求職のみが対象です。2020年度の新規求人数は953万人，そのうち常用求人数が860万人（90%），臨時・季節求人数が93万人（10%），またパートを除く求人数が580万人（61%），パート求人数が376万人（39%）となっています。同年度の民営職業紹介事業所における常用求人数は約865万人[2]となっており，人材紹介会社や求人メディアによる求人・求職は反映されていない点に注意が必要です。

図表 2 - 3 ｜ 有効求人倍率，新規求人倍率

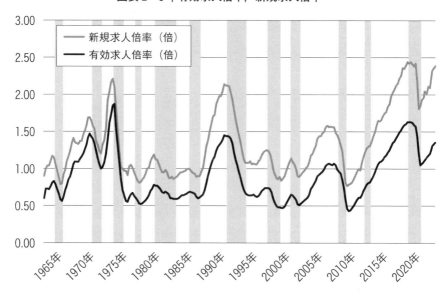

注1：新規学卒者を除きパートタイムを含む。
注2：1973年から沖縄を含む。
注3：四半期平均。
注4：図中，網掛けの期間は，景気の下降局面（山から谷）である。
出所：厚生労働省（2021）『一般職業紹介状況（職業安定業務統計）』，内閣府（2021）『景気
　　　循環日付』をもとに作成

生活基盤を支える職業の深刻な人手不足

　ハローワークでは，「サービス・ブルーカラー系を中心に年収220万円～550
万円の求人」を多く取り扱っています[3]。求人数が多い職業は，施設介護員や
訪問介護職等の「介護サービス」，「一般事務」，「自動車運転手」，福祉相談・
指導専門員，保育士，介護支援員等の「社会福祉」となっています。「一般事
務」は求職者も多く，有効求人倍率は1を下回っています。一方，それ以外の
職業は2倍を上回り人手不足が生じています。ハローワークが取り扱う求人の
特徴から，社会・生活基盤を支える担い手が不足している状況とも言えます。
企業としては，働き手をいかに確保するか，働き続けてもらうかが事業の成長
や継続にも影響する大きな課題となりますが，人手不足の常態化は，ひいては

図表 2 - 4 ｜職業別の有効求人数の割合と有効求人倍率（2022年12月）

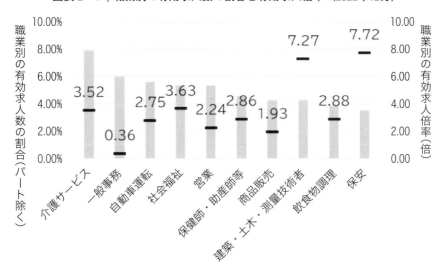

出所：ハローワーク情報サイト〜ハロワのいろは〜『職業別の有効求人倍率』（厚生労働省
『一般職業紹介状況』よりハロワのいろは算出，作成）（2021年1月に利用）（https://
www.hwiroha.com/syokugyoubetsu_yuukou_kyuujinn_bairitsu.html）

私たちの日常生活へも影響します。一部の職業については，ロボットや自動運
転などへの置き換えによって人手不足の解消が図られますが，代替できない仕
事や人間に適している仕事は存続します。労働力人口が減少する中，労働環境
の整備，柔軟な働き方，賃金水準の見直しなどによる取組みが重要となります。
労働市場の動向を見極めて有意義な人的投資を実現したいものです。

● 注 ────────────────────────────

2　厚生労働省職業安定局（2020）『職業紹介事業　運営状況（令和2年度）』
　（https://www.mhlw.go.jp/content/11600000/000923382.pdf）

3　厚生労働省（2021）『労働市場における雇用仲介の在り方に関する研究会報告書』，
　（https://www.mhlw.go.jp/content/11600000/000805361.pdf）

〉〉〉 施策事例

事例1 | 多様な人材の受入れを目的とした取組み

　国が介護人材確保の取組みを主導し，定年後のアクティブシニア，主婦，学生など多様な人材を受け入れ，介護人材のすそ野を拡げる取組みを推進しています。たとえば，「人手不足」によって業務上困っている問題を細かく洗い出し，それぞれに対して打ち手を検討します。個別業務の担当者を整理し，特定時間帯に集中する業務を別の時間に変更することにより，未経験者による介護助手，職務・シフト限定正社員等，多様な人材の受入れが可能となりました。また，**週休3日10時間制**，**有資格者の兼業・副業等**，多様な働き方の導入にも取り組んでいます。

出所：『エヌ・ティ・ティデータ経営研究所（2023）令和3年度 厚生労働省 老人保健健
　　　康増進等事業 介護現場における「多様な働き方」取組事例集』（https://www.
　　　nttdatastrategy.com/services/lifevalue/docs/r03_114_02jigyohokokusho.pdf）

事例2 | 求人に応募が来ない際の応募促進事例

　求人数が求職者数を上回る売り手市場の中，求人は出すが応募が来ない企業で，業界やその企業で固定化された人材要件を見直し，応募促進につなげた事例です。たとえば，経験者採用から未経験者採用へ，正社員から副業人材の受入れへ，新卒採用からミドル層の中途採用へ，一般的に男性の多い土木系職種への女性採用などです。人材要件の方針転換と同時に，中途入社者の育成やマネジメント体制および職場環境を整備し，人材の定着を図っています。

転職率推移
高まる転職率，不満を抱える若年・中堅層

転職率は増加傾向，人材の流動性が高まる

　昨今，日本国内における人材の流動性が高まっています。要因としては，終身雇用の衰退や，若者の転職に対する意識の変化などがあると想定されますが，いずれにせよ転職者の割合が今後増加することに伴って，人事管理のあり方を変革していく必要があります。

　転職者数は，2012年には286万人でしたが，2019年は353万人に増加しています。同様に転職者比率（以下「転職率」という）の推移も2012年の4.6％から2019年は5.2％と徐々に増加していきました。その後，新型コロナウイルス蔓延を受けて，転職活動が一旦低調となり，2021年は2012年の水準まで落ち込みましたが，2022年の転職者数は303万人，転職率は4.5％と再び増加に転じています。

　年齢階級別に見ると，基本的に若い世代ほど転職率が高くなっています。2019年までは，15-24歳で1.3％，25-34歳の階級で1％と大きく割合が増加しています。総数も0.6％増加していますが，それと比較すると約2倍も増加しており，若年・中堅層ほど顕著に転職率が増加していることがわかります。

労働条件・人間関係・給料に関する問題が主な辞職理由

　転職率が高い若年・中堅層において，実際に転職した人材が前職を辞めた理由は何でしょうか。その理由として多いのは，どちらの階層も共通して「労働時間，休日等の労働条件が悪かった」，「職場の人間関係が好ましくなかった」，「給料等収入が少なかった」の項目が上位3つを占めています。それぞれの階層でこれら上位3項目の割合を合算すると，19歳以下〜24歳の若年層では35％，同様に25〜34歳の中堅層では27％で，いずれの階層でも約3人に1人がこれらの理由によって辞めています。以上のことから，転職率の高い若年・中堅層においては，労働条件・人間関係・給料に関する問題が辞めた主な理由となって

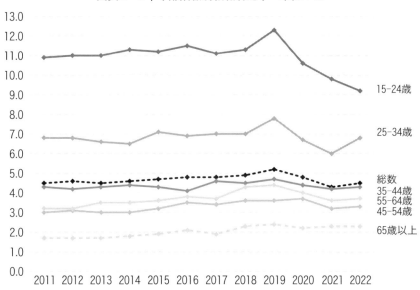

図表 2 - 5 ｜年齢階級別転職者比率　単位：％

15-24歳
25-34歳
総数
35-44歳
55-64歳
45-54歳
65歳以上

出所：総務省統計局（2022）『労働力調査　詳細集計（長期時系列データ）』

いることがわかります。

採用競争力を強化し，適正な転職率を実現していくために

　今後も人材の流動化は緩やかに進んでいくものと考えられます。一方で，企業側からすれば，人材が頻繁に入れ替わっていくことは事業運営の安定性といった観点から決して望ましいことではありません。さまざまな取組みを通じて，**企業の魅力を高め，より優秀な人材が集まるように採用競争力を高めてい**く必要があります。そして，企業理念に共感し，長く働いてもらい，企業の成長に貢献し続けてもらうことも重要です。中途採用を強化すれば，今まで育成できなかったタイプの人材を採用できるチャンスが増えるとともに，即戦力の人材を獲得できるメリットがあります。ただし，優秀な人材を採用するためには，求める知識，スキルを明確にすると同時に，労働市場に連動した給与へ転換する必要があります。つまり，職種，等級制度，給与制度の再整備が必要になるということです。

図表 2 - 6 ｜ 転職入職者が前職を辞めた理由別割合（2021年）

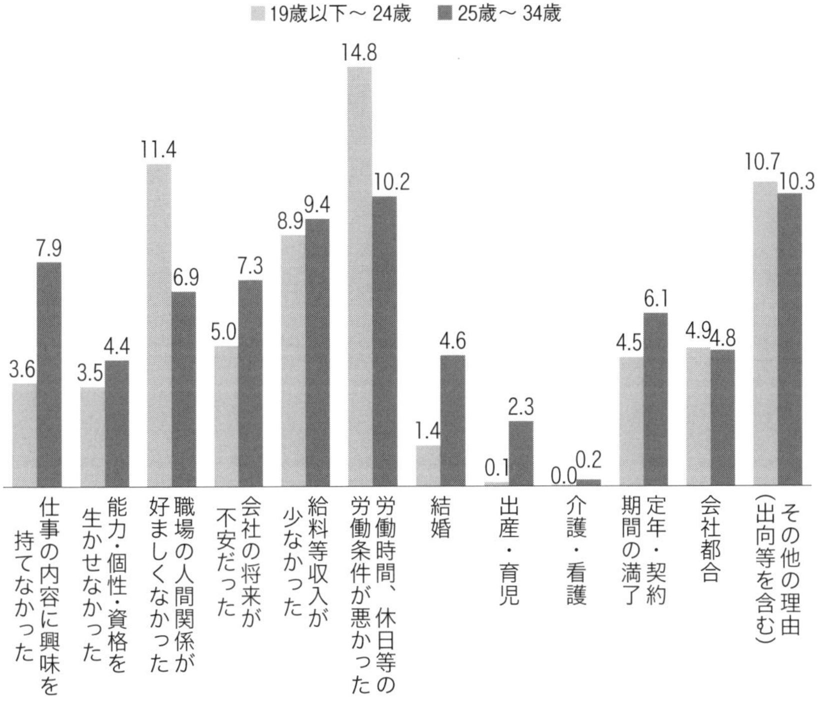

■ 19歳以下〜 24歳　■ 25歳〜 34歳

理由	19歳以下〜24歳	25歳〜34歳
仕事の内容に興味を持てなかった	3.6	7.9
能力・個性・資格を生かせなかった	3.5	4.4
職場の人間関係が好ましくなかった	11.4	6.9
会社の将来が不安だった	5.0	7.3
給料等収入が少なかった	8.9	9.4
労働時間、休日等の労働条件が悪かった	14.8	10.2
結婚	1.4	4.6
出産・育児	0.1	2.3
介護・看護	0.0	0.2
定年・契約期間の満了	4.5	6.1
会社都合	4.9	4.8
その他の理由（出向等を含む）	10.7	10.3

出所：厚生労働省（2021）『雇用動向調査』の転職入職者数データをもとに作成

　同時に，在籍社員の過度な辞職も防止しなければなりません。特に若年層に対してはワークライフバランスを重視した，労働条件・環境の整備が求められます。また，若年層に限らず，社員満足度調査などを定期的に実施して，辞職の主要な原因を分析し，対応していくことも必須であると言えます。最後に，企業側からすると適正な転職率とは０％であるということではありません。優秀な人材や期待どおり貢献している社員は定着を前提とした管理が望ましいですが，その企業の業務にスキルセットが合わずパフォーマンスの低い人材は，他社や他産業に転職したほうが，その企業にとっても，またその人材にとっても望ましい場合もあります。よって一定の転職はあってしかるべきであり，それを踏まえた転職率の適正な管理が求められていると言えます。

〉〉〉 施策事例

事例1 | ジョブ型の人事制度の導入による柔軟な人材の採用

　今後，経営計画の実現に向けて必要な人材要件・ポジションを改めて整理し，ジョブディスクリプションを作成し，ポジション要件に即した採用を強化することで労働市場とのマッチング率を高め，優秀な人材を獲得します。特に報酬面は外部の報酬サーベイ機関や人材サービス会社からの情報を定期的に取得し，報酬面で獲得できないといったリスクを極力回避し，採用競争力を高め早期に採用することでよりスピーディに人材を獲得，現場に投下することで成果に結びつけていくことを目指します。

事例2 | 社員が定着していくためのマネジメントの強化

　パルスサーベイを導入し，各社員の職場での業務遂行においてストレスがないかにつきマネジメントします。パルスサーベイとは，従業員の意識調査を行う手法の1つで，短いスパンで簡単な質問を繰り返し行うことで，従業員の意識をリアルタイムに調査することが可能です。そのサーベイの結果から問題が生じている恐れがある場合は，人事側から各上司にフィードバック，必要に応じて人事部門が介入するなど，早期にリタイアしてしまうことを防止します。また，長期的には社内でどういったキャリア形成を構築していくのか，若い年代からキャリア形成を支援する研修や，上司との面談などを増やし，より良い人生を送るための支援を行うことで，社員の帰属意識を高めます。

事例3 | 退職者へのヒアリング強化やカムバック制度導入

　退職が決まった社員から人事部門よりヒアリングを実施し，退職に至った背景や理由を確認し，記録として残します。社員が本音で話をしてくれるかについては不明瞭な点があるため，退職者の属性や過去のサーベイの結果などについてデータ分析をし，退職者の傾向を捉え，対策を講じます。また，退職の引き留めはするものの，退職時はねぎらい，気持ちよく良好な関係で退職してもらいます。数年後にカムバックしてもらう制度も設け，長期的な関係を構築していきます。

転職関連統計
給与が下がっても転職する中高年

魅力ある給与水準の把握

　商機を逃さず企業の競争力を高く維持するため，人材確保・定着は必須の観点です。人事は，魅力ある給与水準の実現，競合に劣らない給与水準を把握する必要があります。労働者の転職理由に目を向けると，より高い給料がほしいという経済的動機が強いようです。そこで，ここでは給料を求めて離職・転職した労働者が，実際に転職後に高い処遇を得ているのかを調べてみました。

労働者の流動化がじわじわと進む

　総務省の統計によると，2019年の年間の転職者数は351万人であり，過去の水準を若干上回り，最高値をマークしました。労働力人口全体が徐々に少なくなっている中での転職者数の微増ですので，労働市場の流動化がじわじわと進んでいると言えるでしょう。その後，コロナ禍における採用停止等の影響を受け，一時的に減少していますが，2022年には再び増加に転じています。各企業が自社の従業員の離職防止に取り組んだり，新たな人材確保の選択肢として中途採用・経験者採用をより重視したりすることは，今後も重要な施策と言えます。年代別の動きで特徴があるのは55歳以上です。55歳以上の転職率は年々微増傾向にあり，2019年に過去最高値に達しています。この層は労働力人口全体に占めるウェイトが大きく，各企業が高齢化や中高年余剰に悩むようになり，早期退職制度等を活用したセカンドキャリア選択を打ち出しています。今後も，これらの施策による企業からの中高年に対する流出圧力は一定程度かかるものと考えられるため，増加傾向が続くでしょう。

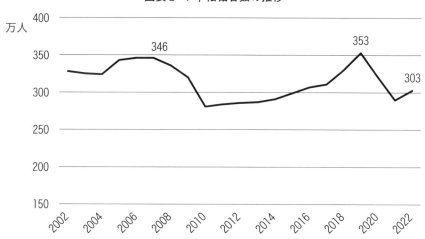

図表 2 - 7 ｜ 転職者数の推移

出所：総務省統計局（2020）『統計トピックスNo.123　増加傾向が続く転職者の状況 〜 2019
年の転職者数は過去最多 〜』（https://www.stat.go.jp/data/roudou/topics/topi1230.
html）
　　　総務省（2022）『労働力調査（詳細集計）　2022年（令和 4 年）平均結果』をもとに作成

より高い給与を求めて転職

　転職者が転職をする理由を調べると，最も多いのは「より良い条件の仕事を
探すため」です。より細かく調べると，最も多いのは「人間関係」，次いで
「休日等労働条件」，「給料」です 。この傾向には業種による差が見受けられま
す 。

　たとえば，建設業，卸売業，小売業などでは「給料」を理由とした離職が最
も多く出ています。建設業では，建設需要の増加に対応し，各社が給料を上げ
ることで労働者を確保しようとした傾向が影響しています。一方，卸売業，小
売業では，業界全体の給与水準が高くなく，労働条件も厳しい企業が多いため，
どうしても処遇に目が行きがちであり，より高い給料を求めて流動する傾向が
あります。いずれにしても，「給料」は労働者の離職・転職の動機となる重要
な項目であると言えます。

転職後，意外と増えない年収

　転職前後の年収増減を，年齢を問わず集計すると，転職により賃金が増加した割合が39％，変わらない割合が20％，減少した割合が40％です。処遇改善を求めて転職する労働者は多いものの，実際には賃金が減少している割合のほうが若干多いのが実情です。年齢別では，増加した割合と減少した割合の差は，20～30代前半が多く，40代では拮抗しています。50代以降は減少する割合のほうが多く，年齢を重ねるほど好条件での転職が難しくなることを示しています。

図表 2 - 8 ｜転職前後の賃金変化

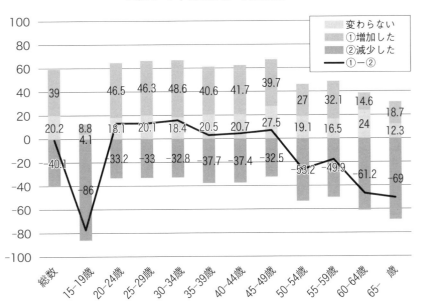

出所：厚生労働省（2020）『令和2年雇用動向調査』

労働力確保のため中高年活用も1つの手

　少子高齢化が進み，若年層が少なく，中高年が余剰傾向にあることから，需給の関係により若年層が求められがちです。ここで少し視点を転換し，人材採用の視点で少し議論をしたいと思います。中長期的に安定した経営が見通されるインフラ企業や超大企業では若者を大量に確保し，育成していく採用方針が合うでしょう。しかし，企業が置かれる状況や成長フェーズにもよりますが，変化の激しい時代を生き残るためには，20〜30年かけて育成し，雇用し続けることよりも，3〜5年の中期的視点で必要なスキルを，必要なタイミングで，適切な価格で調達することが重要になるケースも多いでしょう。

　若年層は，中高年層との相対的な比較では採用コストが高い上，経験が少なく育成も必要であり，ランニングコストもかかります。さらに，彼らは再度転職活動をすれば処遇が上がる可能性も高く，離職リスクも抱えています。一方，中高年層は，多少賃金が下がる転職も許容している実態から見ると，**採用コストが相対的に低く，その時点で持っている経験やスキルを発揮してもらえれば十分と考えれば，育成コストも低く済みます。**

　もちろん，大前提として，年齢にかかわらず，会社が求める素養や能力や経験を見極める必要はありますが，効率的に必要な人材を確保する観点で，中高年層をうまく活用するのも1つの手でしょう。

⟫⟫ 施策事例

事例 1 ｜ 早期退職人材の活用

　変革期における経営計画策定や，DX推進やプロジェクトの推進など，特定期間のみ，マンパワーを投入せざるを得ないケースがあります。長期的な安定雇用までは考えておらず予算上も極めて高額な人件費を捻出できない場合，他社で十分な経験を積んだものの早期退職を選択し，多少処遇が下がったとしても経験を活かして働きたい人材をハンティングし，5年程度活躍してもらうことが有効です。

事例 2 ｜ 中高年・シニア活用により現場監督を確保する

　建設業では，若手確保の難しさ・若年層の流出から，現場監督の確保に悩んでいる企業が多くあります。現業に従事する社員が，定年後も現役時と変わらず現業に従事し続ける場合，定年後の再雇用の水準を魅力あるものと設定し，シニア活用による人員数確保を進める施策を展開しています。

事例 3 ｜ 処遇以外の魅力で戦わざるを得ない場合

　飲食・宿泊サービスでは，給与水準が低く，損益の観点で人件費を大幅に上げることは現実的ではなく，他業種・他社で業務に従事する若年層に対して，処遇の魅力による採用強化が難しいものです。現業従事者の確保のため，週休3日や時短勤務など，処遇水準以外の魅力を提示し，人材確保の間口を広げることで人員数を確保しています。

12

新卒社員離職率
企業のキャリア教育に対する責任とは

大企業でも4人に1人は入社3年以内に退職する

　新卒を採用しても一戦力化する前に離職してしまう，という課題を抱えている人事担当者の方は多いのではないでしょうか。日本はゼネラリストとして育成することを前提とした採用が中心であるため，一人前に成長する前に離職となると企業にとって大きな損失となります。離職防止策として初任給の引上げが行われることも多いですが，社員がモチベートされる理由は賃金以外にもさまざまなものがあります。そのため，各企業は賃金以外の要因についても課題がないか実態を把握する必要があります。新規大学就職者の3年以内離職率は企業規模が大きいほど低くなるものの，最も離職率が低い1,000人以上の企業でも約25%と4人に1人は入社3年以内に退職しており，非常に高い傾向にあります。企業規模が大きくなるほど離職率が低くなる理由としては，大企業ほど社員への雇用責任が強く求められ，雇用者が手厚く守られているということが挙げられます。

図表2-9｜新規大卒就職者の企業規模別3年以内離職率（2018年3月卒）

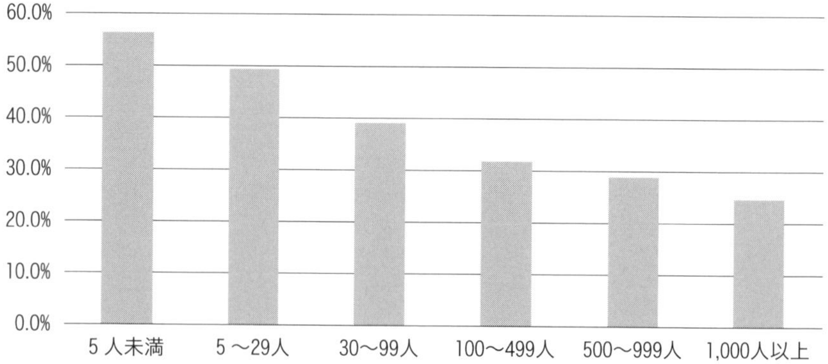

出所：厚生労働省（2021）『新規学卒者の離職状況』をもとに作成

不十分な日本のキャリア教育

　最も離職率の低い大企業でも約25％もの新規大卒就職者が退職しているということから，採用の際に企業側と学生側で職務に関するミスマッチが起きていると考えられます。

　現に，自己都合により退職した20〜24歳の離職理由として，「満足のいく仕事内容でなかったから」が約４人に１人おり，「賃金が低かったから」を若干上回ります。この背景として，日本におけるキャリア教育は不十分であり，学校において実際に働くことを想定した講義があまり行われていないということが挙げられます。キャリア教育が不十分な結果，仕事を通じて実現したいことは何かが曖昧なまま就職活動を行い，働くにつれ「想像していた仕事と違う」こととなった結果，離職につながっているのです。企業側も，新卒一括採用で一度に多くの候補者の中からポテンシャルを重視して採用することも多く，その人が本当に業務を遂行する十分な能力や適性を有しているのかを正確に判断することは難しい状況です。

図表２-10｜20〜24歳における自己都合退職者の離職理由
（３つまでの複数回答可）

離職理由	割合（%）
人間関係がうまくいかなかったから	38.4
いろいろな会社で経験を積みたいから	27.6
満足のいく仕事内容でなかったから	25.2
賃金が低かったから	23.8
会社の将来に不安を感じたから	22.5
労働条件（賃金以外）がよくなかったから	22.3
能力・実績が正当に評価されないから	10.5
他によい仕事があったから	10.3
雇用が不安定だったため	10.0
安全や衛生等の職場環境がよくなかったから	9.4
結婚・出産・育児のため	6.5
病気・怪我のため	3.0
家族の転職・転居のため	0.8
介護・看護のため	0.2
その他	17.8

注：上記データは「最終学歴」，「直前の勤め先での就業形態」，「現在の勤め先での就業形態」による区分はされておらず，また，新卒者以外も含まれる。

出所：厚生労働省（2020）『令和２年 雇用の構造に関する実態調査（転職者実態調査）』をもとに作成

　20〜24歳の転職者が今の勤め先（転職後の勤め先）を選んだ理由として最も多く，約半数を占めるのは「仕事の内容・職種に満足がいくから」です。「自分の技能・能力が活かせるから」が次に続いていることからも，就職前ではなく，働き始めてから自らの適性や仕事を通じた目標などのキャリアが明確になり，新たな環境を選択する社員が増えていると推察されます。

　職務に関するミスマッチを減らすために，企業・教育機関は連携して，学生が働くことに対して向き合う機会を積極的に提供しなければなりません。たとえば，長期休暇期間だけの補助業務や体験業務のような短期インターンシップだけではなく，より実務に近い業務を担う長期間のインターンシップ制度を充実させることで，企業・学生ともに適性を把握することができます。また，学校は働くことを意識した講義の充実に加え，学生がインターンシップで認識した不足しているスキルを補えるような環境を整備しなければなりません。

図表 2 -11｜20〜24歳の転職者における今の勤め先を選んだ理由
（3つまでの複数回答可）

今の勤め先を選んだ理由	割合（%）
仕事の内容・職種に満足がいくから	46.1
自分の技能・能力が活かせるから	25.1
地元だから（Uターンを含む）	24.7
労働条件（賃金以外）がよいから	23.4
転勤が少ない，通勤が便利だから	17.6
会社に将来性があるから	13.0
会社の規模・知名度のため	11.7
賃金が高いから	11.6
安全や衛生等の職場環境がよいから	7.5
前の会社の紹介	0.7
その他	31.1
不明	0.1

注：上記データは「最終学歴」，「現在の勤め先での職種」，「現在の勤め先での就業形態」，「事業所規模」による区分はされていない。

出所：厚生労働省（2020）『雇用の構造に関する実態調査（転職者実態調査）』をもとに作成

採用方針の明確化と学生の目標の合致

　採用担当者は，選考段階から入社後に担う職務と目指すキャリアゴールを説明しなければなりません。そのためには，どのような方針をもとに人事制度が制定されているのかについて担当者自身が理解を深める必要があります。そもそも人事制度のコンセプトと会社の方針が連動していない場合は人事制度そのものを見直さなければなりません。経営目標を達成するにはどのような人材が求められ，各人材群はどのようなキャリアを描くことができるのかが整理されて，初めて採用すべき人材が明確になります。

　新卒社員の離職率を下げるためには，賃金以外にも「どのような能力を発揮し，キャリアを歩んでもらいたいのか」という企業側の思い，そして，社員1人ひとりの「職務を通じて達成したい目標」の双方が合致するよう，採用までのあり方を見直さなければならないのです。

》》施策事例

事例1｜インターンシップでのアセスメントの実施

書類選考や面接だけでインターンシップ生を判断するのではなく，外部のアセスメント機能を利用し，客観的な数値から自社での活躍が期待できる人材を可視化します。書類や面接では人間の主観が大きく影響しますが，外部アセスメントでは潜在的な能力を数値化することで自社に適した人材なのかを判断することができ，入社後のミスマッチを防止します。

事例2｜ミスマッチ防止策

採用時に会社の良い情報のみを発信するのではなく，仕事の厳しい点，経営課題などのネガティブな情報も包み隠さず発信することで，入社後のミスマッチを防止します。また，会社見学や社員との懇談会などを実施し，雰囲気を肌で感じてもらうことで入社後のイメージを醸成します。

事例3｜定期的フォロー体制の構築

若手社員は周囲に気を遣うあまり，不安があったとしても自ら発信することができず，1人で抱え込んでしまうことがあります。上司・先輩が定期的にフォローしサポートすることで，早期に不安点を把握し会社としての対応を行います。また，新型コロナウイルスの影響でリモートワークが拡大し，1人で仕事をすることが増えたことで周囲とのコミュニケーションがなくなり，孤独感を感じる社員も存在しています。メンター制度，1on1ミーティング，直属の上司ではなく採用担当者が定期的に面談を行うなど，吐き出すことができる環境を構築することで，会社から支えられているという感覚を醸成します。

就労者意識調査
時代で変わる「働く目的」，やはりお金が一番？

変化する「働く目的」

　労働者の就労に対する意識（以下「働く目的」という）は，労働者の労働意欲・パフォーマンスに大きく関わります。そのため，効果的な人材活用にあたり「働く目的」をしっかり踏まえた上で施策を検討する必要があります。ただし，「働く目的」は時代や社会的背景に大きく影響を受け，世代によってその特徴に違いがあるため，時代の変化に応じ世代別の傾向を捉えておく必要があります。内閣府の「国民生活に関する世論調査」（2019年）によると，世代にかかわらず労働者の大半が「お金を得るため（＝金銭的報酬）」に働いているこ

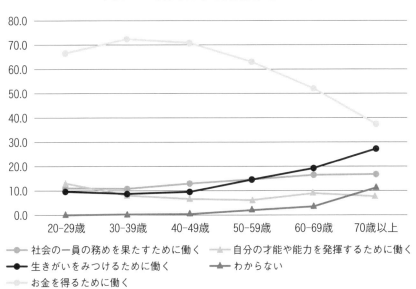

図表 2 -12 | 働く目的（年齢階層別）2019年

出所：内閣府（2019年）『国民生活に関する世論調査』より労働者の「働く目的」に関する
　　　調査結果（単一回答）を年齢階層別に示したもの

とがわかります。特に，20代・30代・40代の三階層は割合の高さが顕著で，回答の約7割を占めています。一方，40代以降はその割合が低下し，70歳以上の階層では4割程度となります。

「生きがいをみつけるため（＝生きがいを求める志向）」に働く労働者は40代以降で増加し，当該階層で1割程度だった割合が70歳以上の階層では3割程度となっていることから，年齢が上がるにつれ重要視されていることがわかります。

ターニングポイントとなった2001年

当該調査結果は，この20年間（2001年比4）で大きく変化しました。

たとえば，「お金を得るため（＝金銭的報酬）」に働く労働者の割合は全世代において増加しています。他にも，「自分の才能や能力を発揮するため（＝キャリア志向）」に働く割合は20代（若年層）で増加し，「生きがいをみつけるため（＝生きがいを求める志向）」に働く割合は50代以降の高齢層で大きく増加しています。

以上の世代別傾向を踏まえた上で「働く目的」別に以下のことが言えます。「お金を得るため（＝金銭的報酬）」は，2019年において全年齢階層で一番高い割合を占めています。また，2001年比で見てもその割合は全年齢階層で増加しており，「働く目的」として重要視する傾向がより強くなっています。このことから，労働生産性を高めるとともに，労働分配率を見直して社員への配分をより高めることが重要です。

図表2-13｜2001年比増減ポイント

年齢階層	お金を得るために働く	社会の一員の務めを果たすために働く	自分の才能や能力を発揮するために働く	生きがいをみつけるために働く	わからない
20-29歳	7.8	△ 4.2	7.4	△ 10.1	△ 0.9
30-39歳	9.8	△ 4.4	△ 1.1	△ 2.4	△ 1.9
40-49歳	12.4	△ 4.4	△ 3.8	△ 2.6	△ 1.5
50-59歳	8.4	△ 9.0	△ 7.0	8.6	△ 0.9
60-69歳	11.2	△ 19.2	△ 0.1	12.0	△ 3.8
70歳以上	5.3	△ 18.6	△ 3.4	22.3	△ 5.5

出所：内閣府（2019）『国民生活に関する世論調査』

世代別の対応策

　「自分の才能や能力を発揮するため（＝キャリア志向）」は，2019年において20代が一番高い割合を占めています。また，2001年比で見ても20代における割合は増加しており，若年層のキャリア志向が進んでいます。今後，そういった成長意欲の高い人材を会社の主要な戦力として育成していく場合，キャリアパスが明確で，魅力的なキャリアゴールを描ける制度になっていること，そしてキャリア構築をサポートする計画的な育成施策が整備されていることが必要です。

　「生きがいをみつけるため（＝生きがいを求める志向）」は，2019年において50代以降で高くなっています。また，2001年比で見ても50代以降における割合は大きく増加しており，「働く目的」として重要視されてきています。今後，雇用年齢の上限延長に伴って増加が見込まれる定年再雇用者の活用は非常に重要であり，そのためにも高年齢者が生きがいや働きがいを得られる体制を構築していく必要があります。たとえば，定年後も能力発揮が求められるような再雇用のあり方について検討することが必要です。

　他方で，働き方の多様性を受け入れる体制の整備も必要です。これらを踏まえ，定年の５年以上前からキャリア形成支援の研修を実施することや，継続雇用契約を締結する際に本人の求める労働スタイルにマッチした職務の提供を行うことも重要となります。さらに，50代以降は健康寿命を延伸しないと体力・気力が大幅に低下し，それに応じてパフォーマンスが著しく下がってしまいます。そのため，高年齢者の活用にあたっては，健康経営の推進も非常に重要となります。

● 注 ─────────────────────────────────

　4　2001年は，就職氷河期のピーク，情報化の進展（ブロードバンド元年）等社会環境が大きく変化した年として比較対象とした。

〉〉〉 施策事例

事例1 | 社員への配分の見直し

　多くの企業で，近年内部留保が大幅に増加しています。これは，より安全な経営という観点では有効ですが，新たな事業への投資など成長のための施策が不足しているとも言えます。また，利益額が増加しても社員への配分が相対的に少なくなっている企業も多くあります。これに対して，改めて社員への分配を見直す事例が多くみられます。たとえば，労働分配率，労働生産性，平均賃金などの**経年のデータから社員への適正な配分を再検討する**ことなどです。また，社員給与を段階的に10%程度上げる事例があります。これにより全世代の働く目的の"お金を得るため"に対応するということです。

事例2 | 若年社員への施策

　若年社員は今後のキャリアについても重要な関心があります。これに対応するために，多くの企業では将来のキャリアのゴール，処遇を明確にしています。具体的には，将来，経営幹部や高度専門職，実務のプロなど，具体的なキャリアのゴールを設定する必要があります。たとえば，今までは総合職という曖昧な制度から**職種別の採用**に切り替える，若年時には総合職社員として幅広く業務を経験させて**将来のキャリアゴールを30代で選択する制度を導入する**などの事例があります。

事例3 | 実力主義的人事制度への改定

　若年社員のキャリア意識の高さに対応するため，また高齢社員の生きがいに対応するために，**年齢に関係のない人事制度**に移行することによって，「働く目的」を満たす事例があります。実力主義的人事制度にすることにより，逆に処遇が下がる社員も発生するため，緩やかに社外に転職できる制度を併設するといった事例もあります。

分配に関する主要データ

　約30年にわたり大きく成長できなかった日本企業では，社員の給料レベルが極めて低く抑えられてきました。企業の中で，どの程度社員に分配するかという明確なポリシーを持った経営がなされていなかったとも言えます。この30年間では，非正規社員の比率が極めて大きくなり，全体の就労者の約4割を占めていると言われています。正社員の給与も高くなりませんでしたが，パート・アルバイトの割合が増えることにより，日本の平均賃金は大幅に下がったと言えます。自社の社員にどの程度分配するか，また同時に，どの程度事業に投資をするかの判断が，さらに重要になってくるでしょう。近年では採用が困難な会社などが賃上げを行っている例も散見されますが，大半の企業は大幅な賃上げは行っていません。今後は平均賃金を上昇させるとともに，企業がさらなる成長をするための投資を同時に行うことになるでしょう。

　人件費水準の適正さを見る重要な指標として，「労働分配率」があります。付加価値のうちどの程度社員に分配しているかを測る指標です。ほとんどの企業では，この「労働分配率」を経営陣が把握できていません。「労働分配率」は重要な指標であり，自社の過去の「労働分配率」や所属している業界の「労働分配率」などから判断して，自社の配分が適切かを常にチェックしなければなりません。また，賃金に関しては，自社の職種別に労働市場価格を知った上で，賃上げを行っていくことが必要になります。さらに，賃金は名目賃金ではなく，可処分所得が重要になるでしょう。この可処分所得を上げていくことを強く意識しなければならないでしょう。

　第3章では分配に関する重要な指標について解説します。

14

企業規模別の年収水準
縮まない規模間格差

年収は規模が大きいほど高い

　年収水準は，基本的に企業規模の大きさに連動して高くなる傾向があります。企業規模が大きいほど，効率的に利益を出すことができ，その結果，社員への配分を大きくすることができるからです。たとえば，大企業の持つブランド力は，顧客ロイヤリティによる長期的な売上確保・高価格化による高利益率の達成を可能とします。また，人材採用という観点においても，採用コストを抑制することが可能です。

年齢別に見ても同傾向

　企業規模別だけでなく年齢別に見た場合でも大企業の年収は非常に高いと言えます。これはほぼ全年齢で言えることです。**図表3-1**は，2022年における雇用期間に定めのない労働者の年収水準を，企業規模別・年齢階層別に示したものです。25〜29歳で大企業と中小企業の差が生じ，以降はその差が拡大していきます。たとえば，50〜54歳で比較すると1,000人以上の企業では年収が1,000万円を超えていますが，10〜99人の小企業では約700万円です。年収にして平均300万円以上の差があるということです。

産業別には別傾向

　全産業で見た場合，企業規模の大きさに連動して年収水準が高くなるという，年収の規模間格差は確かに存在しますが，産業別に見ると必ずしもそうは言えません。

　図表3-2は，**図表3-1**のデータを総務省の標準産業分類に従って細分化したものです。**太字**は規模・年齢階層別に年収が逆転している個所を示しています。たとえば，不動産業，物品賃貸業は規模の大きさと年収水準の高さにほとんど連動がありません。他の産業で見ても，特定の年齢階層において同様のこ

図表 3-1 ｜ 規模・年齢階層別年収水準

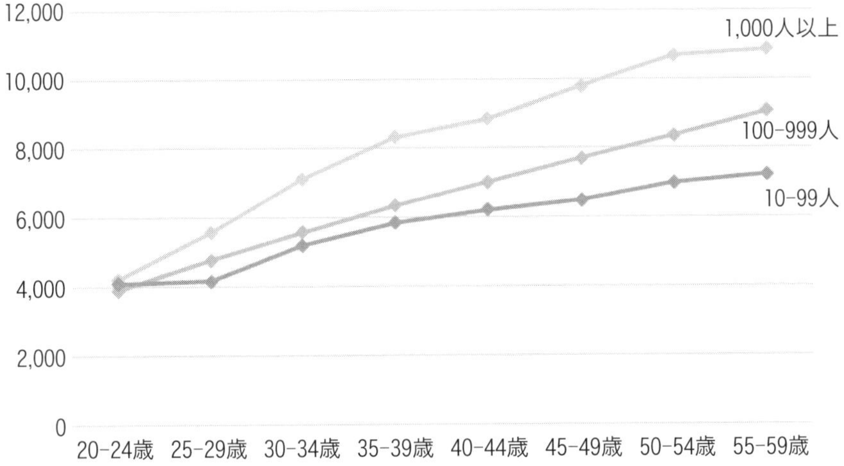

注：年収＝（決まって支給する現金給与額×12＋年間賞与その他特別給与額）で計算し加工。
出所：厚生労働省（2023）『令和4年賃金構造基本統計調査』

とが言えます。特徴的なのは情報通信業です。情報通信業は年齢区分の年収逆
転がいくつか見られるのと同時に，規模別の年収の差があまり大きくありませ
ん。大きく変化・成長する業界であり，その結果，人材の流動性が高く規模別
に年収の違いがないものと想定されます。次に運輸業，郵便業ですが，規模別
に見ると各年齢階層別に中規模・小規模の企業の逆転現象が多く見られます。
金融業，保険業は規模・年齢階層別に大きな年収差がないのが特徴です。最も
年収差がない業界は不動産業，物品賃貸業です。この業界は規模メリットがな
く人材流動性が極めて高い業界です。
　それに対して，建設業および製造業は規模が大きくなるに従って年収の差が
大きくなる代表的な業界です。したがって，産業別に見た場合，特定の産業・
年齢階層においては，企業規模の大きさに依存しない年収水準になっていると
言えます。

図表 3-2 ｜ 産業・規模・年齢階層別年収水準比較表

単位：千円

産業大分類	規模	年齢階層							
		20～24歳	25～29歳	30～34歳	35～39歳	40～44歳	45～49歳	50～54歳	55～59歳
鉱業, 採石業, 砂利採取業	①	-	-	-	9,352	10,477	12,781	14,854	15,708
	②	-	5,078	-	8,169	10,736	9,502	8,987	11,923
	③	-	-	7,378	5,716	9,769	8,872	7,972	11,993
建設業	①	-	8,049	8,785	8,891	10,037	10,739	12,760	12,089
	②	2,792	5,569	6,559	6,862	7,950	8,864	8,894	9,604
	③	3,972	5,063	6,357	6,795	7,176	7,795	8,575	9,082
製造業	①	3,921	5,468	7,468	8,529	9,545	10,440	11,692	11,956
	②	3,620	5,388	5,471	6,661	7,491	8,224	8,895	9,513
	③	5,431	4,514	5,367	6,106	7,040	7,592	8,263	8,557
電気・ガス・熱供給・水道業	①	-	-	9,845	9,411	8,942	9,198	9,938	11,753
	②	-	-	-	6,646	7,197	8,773	9,468	9,971
	③	-	6,618	5,015	6,021	7,302	8,049	8,825	8,830
情報通信業	①	-	5,825	6,908	8,878	9,598	10,448	10,693	10,929
	②	3,940	6,587	5,574	6,943	7,686	9,028	10,099	8,965
	③	-	5,053	5,866	6,439	7,347	8,381	9,456	9,248
運輸業, 郵便業	①	-	5,444	6,530	7,931	8,719	9,345	10,714	9,145
	②	-	4,495	4,989	5,800	7,196	6,703	6,945	6,398
	③	-	4,355	5,340	6,032	6,557	7,007	7,809	7,219
卸売業, 小売業	①	4,230	5,129	6,330	7,402	8,262	9,266	10,419	10,539
	②	3,296	4,916	5,754	6,257	7,859	8,158	8,603	8,853
	③	3,790	5,239	5,346	6,166	7,203	7,409	8,413	9,082
金融業, 保険業	①	3,233	7,664	8,606	9,665	10,800	11,787	12,260	11,257
	②	9,322	6,712	6,504	8,311	8,873	9,051	9,746	8,953
	③	6,035	6,079	6,204	7,304	8,595	9,166	9,428	9,375
不動産業, 物品賃貸業	①	4,461	5,446	7,051	8,460	9,185	9,769	11,079	9,935
	②	-	7,089	7,807	7,914	10,652	9,932	12,136	10,478
	③	9,097	7,740	7,796	8,499	7,926	8,614	9,683	9,215
学術研究, 専門・技術サービス業	①	2,950	6,825	9,349	10,546	11,009	11,070	11,917	11,872
	②	-	5,364	7,366	7,275	9,361	9,980	10,391	11,090
	③	3,163	4,129	6,680	7,622	8,817	9,484	10,310	10,656
宿泊業, 飲食サービス業	①	4,051	4,684	5,028	5,826	6,295	6,835	7,538	7,500
	②	-	4,604	4,558	5,701	5,224	6,437	6,323	5,968
	③	-	4,344	4,322	4,331	5,268	5,664	5,325	6,148
生活関連サービス業, 娯楽業	①	3,335	4,605	5,187	6,623	6,917	8,360	8,787	10,312
	②	-	4,608	4,989	5,897	6,748	7,218	8,289	7,490
	③	3,313	4,268	4,873	5,875	5,990	6,414	6,480	7,229
教育, 学習支援業	①	3,334	4,590	7,582	6,811	7,977	8,872	10,280	11,309
	②	4,595	5,645	5,560	6,254	7,493	8,166	9,254	9,670
	③	3,043	4,353	4,413	5,761	6,512	8,099	8,284	8,894
医療, 福祉	①	-	4,221	6,463	7,397	10,660	11,251	12,505	11,647
	②	-	3,952	5,507	6,947	8,304	9,421	10,145	11,798
	③	3,547	4,072	5,252	5,173	6,384	6,520	9,146	8,977
複合サービス事業	①	3,761	6,072	6,225	6,438	7,334	7,900	8,525	8,746
	②	-	4,934	5,082	5,508	5,900	6,241	7,164	7,447
	③	-	3,857	4,928	5,211	5,693	6,282	6,830	7,339
サービス業 （他に分類されないもの）	①	3,281	6,031	6,779	6,829	8,087	9,398	10,114	9,459
	②	3,321	4,421	6,664	6,739	7,693	8,794	9,177	9,731
	③	-	3,903	5,790	5,831	6,421	6,998	7,830	7,218

① 1,000名以上， ② 500～999名， ③ 100～499名

注：企業規模の大きさに連動して年収水準が高くなるという前提のもと，中規模の500～999名規模に対し1,000名以上規模・100～499名規模それぞれの水準を比較し，逆転している箇所を強調しています。

出所：厚生労働省（2023）『令和4年賃金構造基本統計調査』図表3-1のデータを産業別に区分して作成

流動性に対応するために

　日本国内における人材の流動化は，今後緩やかに進行していくと考えられます。それに伴って，採用競争力の強化・ハイパフォーマー（HP）人材の流出リスク低減化の必要性が一層高まってくると想定されますが，その際，**外部労働市場の水準に基づく給与水準の検討**は必須です。場合によっては，同産業・同規模だけでなく，異なる規模の外部水準も視野に入れた上でベンチマークを行う必要があると言えます。

》》施策事例

事例1 ｜ 毎年，ベンチマークを実施

　ある情報産業の企業は，毎年の新卒社員採用とともに多くの中途社員を採用しています。しかし逆に，他社に引き抜かれるなど転職する社員も非常に多くいます。退職理由のうち約半分が年収への不満となっており，実際に労働市場から見るとこの企業の年収水準は非常に低いことがわかりました。この事態に対応するため，毎年**労働市場の年収水準を調査し，できる限り年収差を少なくする努力**を始め，特に若年層に対しては若年対策としての**住宅手当の支給**を実施するなど，短期的に年収の改善を行いました。

事例2 ｜ 年齢間配分の適正化

　現在の人事制度が年功序列型となっているため，社内の若年層は年収が低く，年齢が上がるに従って年収が高くなる構造で，若年社員と中高年社員で同じ業務をしていても，年収が大きく異なる状況でした。また，中高年化が進んでおり，企業としても人件費の負担が大きくなっており，さらに若年社員の離職が多くなっていました。これらは人事制度が年功的であるために起こる問題であり，**年齢に関係のない職務を中心とした人事制度**へ変更することで改革を行い，年齢間の配分を大きく改善しました。

15

労働分配率
分配の好循環に向けて

労働分配率は極めて重要な経営指標

IR関連の資料において,「配当金100円以上を目標に,……積極的かつ安定的な株主還元を行っていきます」などと書かれていることがあります。しかし,「中期経営計画では, 3年間平均の労働分配率は60%を基準とし, 従業員の平均年収1,000万円を目指して, 積極的かつ安定的な従業員還元を行っていきます」というような文章はあまり見かけません。

自社の人件費総額, 人件費の分配方針(労働分配率)について, 具体的に意識している企業は多くないのではと思われます。

近年, **日本の労働分配率は緩やかに低下しています**(図表3-3①線)。

一方, 1人当たりの人件費はほとんど横ばいです(同②線)。また, 労働生産性は上昇しています(同③線)。これは生産性が上昇し, 1人当たりの付加価値が増えましたが, 従業員に分配されていないことを表しています。その結果, 企業の内部留保が非常に多くなっているということになります。さらに, 消費者物価指数は, 近年では上昇傾向にあり(同④線), 実質給与は非常に低下していると言えます。企業経営という観点では, 株主, 企業, 役員に重点的に配分し, 従業員には全く配分していない状況です。そのため, 従業員の生活レベルは長年にわたり非常に低く推移しています。

最も望ましいパターンは, 企業の付加価値が増し, 労働生産性が上がって従業員の給与が上がり, 労働分配率が下がることになります。この状態は, 株主も企業も従業員も皆が良い状態であるということを指します。労働分配率や労働生産性は非常に重要な経営指標ですが, 各企業で定期的に算出している例はあまり多くありません。経営者の中で自社のこれらの指標を即答できる人は極めて少ない状況です。

図表 3 - 3 ｜ 労働分配率，消費者物価指数と労働生産性，１人当たり人件費の推移

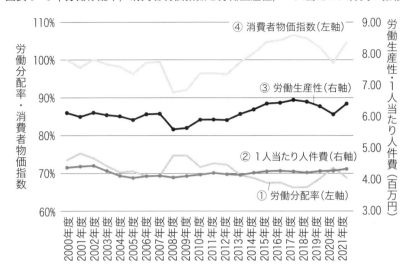

注１：付加価値＝人件費（役員給与＋役員賞与＋従業員給与＋従業員賞与＋福利厚生費）＋
　　　支払利息等＋動産・不動産賃借料＋租税公課＋営業純益
注２：労働分配率＝人件費÷付加価値
注３：従業員１人当たり給与＝（従業員給与＋従業員賞与＋福利厚生費）÷従業員人員数
注４：労働生産性＝付加価値÷（役員人員数＋従業員人員数）
注５：消費者物価指数　総合（All item）　年度平均
出所：財務省財務総合政策研究所（2022）『法人企業統計調査（時系列データ全産業（金融業，
　　　保険業以外），全規模）』および総務省統計局（2020）『2020年基準 消費者物価指数の
　　　解説』をもとに作成

適正な労働分配率

　自社の適正な労働分配率水準は，２つの視点で判断できます。１つ目は自社
の過去との比較です。過去の会社全体の労働分配率の推移や事業別の労働分配
率から，現在の水準が適正かを判断するものです。これは，ビジネスモデルが
ユニークである会社や，異なる複数の事業を行っている会社では極めて有効な
方法になります。２つ目は，適正な水準を他社と比較する方法です。これは，
資本金規模や業種別の労働分配率の水準と比較して適正さを判断するものです。
たとえば，建設業のように同じようなビジネスモデルの企業が多い業種などは，

他社比較が極めて有効になります。

　さらに労働分配率と１人当たりの人件費の関係を見ると，大型の設備や施設を要する装置産業などでは，労働分配率は低く人件費は高いことがわかります。たとえば，石油製品・石炭製品製造業が代表的です。逆に労働集約的な産業は，労働分配率は高く，人件費は低い状況です。代表的なのは生活関連サービス業や食料品製造業，資本金１億円未満の中小企業などです。日本では，業種によって労働分配率や従業員の給与水準が大きく異なります。自社がどういう状態かを常に把握する必要があります。

図表３-４｜業種・資本金規模別労働分配率と１人当たり人件費

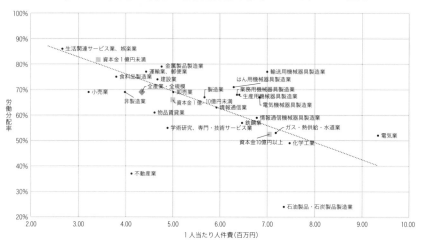

注１：付加価値＝人件費（役員給与＋役員賞与＋従業員給与＋従業員賞与＋福利厚生費）＋
　　　支払利息等＋動産・不動産賃借料＋租税公課＋営業純益
注２：労働分配率＝人件費÷付加価値
注３：従業員１人当たり給与＝（従業員給与＋従業員賞与＋福利厚生費）÷従業員人員数
出所：財務省財務総合政策研究所（2021）『法人企業統計調査（時系列データ全産業（金融業，
　　　保険業以外），全規模）』をもとに作成

適正な分配に向けて

分配については近年，株主，企業，従業員などのステークホルダーの中で，従業員のみ1人負けの状態です。企業経営という観点では，従業員に対してただちに分配を増やすことが求められます。特に内部留保を増やしている企業に関してはできるだけ早期に従業員への分配を厚くすることが経営責任です。

創意工夫や新しいアイデアを生み出す「人」は付加価値の源泉であり，「人」への分配を未来への投資として捉えることが，会社と従業員にとってwin-winの状態や分配の好循環につながっていくことになります。

》》》施策事例

事例1｜人事データの定期的な収集と経営陣への報告

自社の主要な人事データを人事部が定期的に収集し，経営陣に報告することを行っている企業の事例です。今までは，感覚的に人事の状態を把握していましたが，付加価値，労働生産性，労働分配率，1人当たり給与などの指標について**自社の過去推移および外部データとの比較**を行い，経営陣が正確に人事の状態を把握できるようにしました。

事例2｜昇給額の決定方針の見直し

毎年春闘で労働組合からの昇給の要求を聞き，交渉の結果，昇給額を決定するやり方から，昇給額を経営指標に基づき決定する方法に見直しました。この企業の場合，社員の実質給与を維持することに加え，前年の労働分配率をはじめとした指標から昇給額を決定しています。実際には，実質給与に関しては物価指数から算出し，過去との比較などから，労働分配率が非常に低い場合は昇給額を増額するものです。これにより，社員の生活は物価上昇があっても維持され，また企業の成長に伴ってさらに厚い分配をすることが可能となりました。

16
新規学卒者初任給
令和の新卒は年収1,000万円

過去最高の初任給

2019年の大卒初任給の平均は約21万円であり，過去最高額を記録しました。初任給は年々上昇基調にあります。その結果，全業種を平均した初任給金額の推移を見ると，いずれの学歴においても直近24年で2万円前後と，じわじわと増額しているのがわかります。大卒では19,500円，高専・短大卒では22,700円，高卒では16,600円，大学院卒では直近15年間で18,500円の増加です。初任給の水準には業種による差があり，人材を取り合うような業種では水準が上がります。たとえば，2019年の大卒初任給は，情報通信業の21.8万円に対して，宿泊業・飲食サービス業は20万円と開きがあります。

図表3-5｜学歴別初任給金額の推移（全産業）

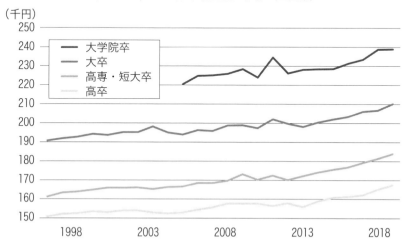

注：大学院卒の初任給データは2005年以降のみ。
出所：厚生労働省（2019）『賃金構造基本統計調査（長期時系列データ）』

実質賃金では微増

　物価の変動を加味した実質初任給の過去の推移を見ると，実質的な増額幅は
より小さいことがわかります。物価の変動を加味すると，大卒では約11,000円，
最も伸びが大きい高専・短大卒でも約15,000円の伸びに留まっています。先ほ
どの名目賃金はある程度上昇していますが，実質賃金では大きな額ではないと
言えます。過去最高の初任給といっても微増と言えるでしょう。

図表 3 - 6 ｜実質初任給金額の推移（全産業）

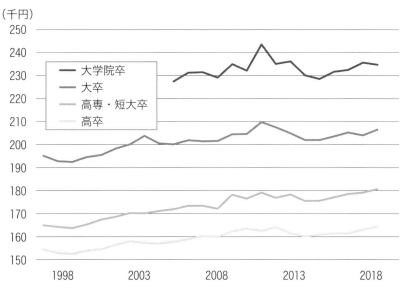

注：初任給金額（円）÷消費者物価指数（％）により算出した。
出所：厚生労働省（2019）『賃金構造基本統計調査（長期時系列データ）』および総務省統計
　　　局（2019）『消費者物価指数（長期時系列データ）』をもとに作成

今後の初任給水準の見通し

初任給に限らず，平成の約30年間で賃金は大きく上がっていません。産業がすでに成熟し，大きな経済成長の見通しもないことから，多くの企業では景況感に不安を抱えており，コスト低減を前提とした戦略を取っているのです。実際，2000年以降，労働分配率は低下傾向にあります。

今後の初任給のあり方は，企業の戦略のあり方や採用市場の状況により大きく引き上がる職種と，今後も横ばいもしくは微増を続ける業種の大きく2つに分かれると予想されます。

事業構造や収益構造に変革をもたらすことができる企業では，コスト低減に依存した収益拡大の戦略を脱し，変革や成長に資する人材の確保に乗り出します。たとえば，NECでは2019年10月より新人事制度を導入し，新卒でも年収1,000万円以上を得ることを可能にしました。GAFA（グーグル，アップル，フェイスブック，アマゾン・ドット・コム）や国内のメガベンチャーと人材の獲得競争をする中で，何とかして優秀な研究者を獲得したいという思いがあるようです[1]。このように，高いコストをかけてでも確保したい人材に対し，年齢を問わず，より魅力的な金額を提示する企業が多い業種では，企業間の人材の取り合いも活性化し，初任給水準は大きく引き上がるでしょう。

一方で，年功的に賃金水準を徐々に上げる思想の会社では，総額人件費の高騰を懸念し初任給水準を上げられないという実情があります。また，なかなか新しい付加価値や収益源を見出せず，コスト低減による利益の捻出を続けざるを得ない企業や，そうした企業が多い業種においても，初任給水準は今後も横ばいか，人材不足等の影響による最低限の微増に留めざるを得ないでしょう。

● 注 ────────────────────────────────

1　日経ビジネス「NECが『新卒でも年収1000万円』制度を導入した真意」（2019年10月16日）（https://business.nikkei.com/atcl/gen/19/00067/101100042/）

〉〉〉 施策事例

事例1｜対症療法として若年社員の給与増額

　初任給が安いことにより新卒を予定どおり採用できない企業で，全体の人事制度を変更しないで，**若年社員の給与を増額**する施策です。初任給を大幅に増加すれば，他の社員もそれに連動して増額しなければなりません。そのため，昇格時の昇給を減額する，毎年の昇給額を圧縮するなどを行い，若年社員の給与テーブルの改定を行いました。

　他の事例としては，給与レベルを上げるのではなく，**若年社員向けの住宅手当**などで実質的な初任給の増加を行った施策もあります。

事例2｜人事制度全体の見直し

　新卒で入社する社員は，企業規模が大きくなればなるほど多様な職種の人材が混在することになります。たとえば，研究職などは，当初から専門性が決定しています。それに対して，一般的な総合職などは，企業に入社してから教育を受けるなど職種が決定していないケースが多数です。そのため，職種別に給与水準を分け，初任給も職種別に設定する企業が散見されます。また，年功的な人事制度を長年運用することにより，特に中高年に過分な配分がされている企業では，**職務，ジョブに着目した，年功的でない人事制度**を導入することにより初任給を増加させる例もあります。

事例3｜初任給の即時見直し

　近年，大手企業を中心として，業績は良く，利益は出ているものの，新たな投資をせず内部留保が増加しています。このような企業の場合，過去に比べ**労働分配率**が**低下**していると考えられます。適正な人件費という観点で，初任給を含め人件費を一気に上昇させる企業もあります。

17

生涯賃金推移
大きく下がった生涯賃金

減少する生涯賃金

　一般的に，「生涯賃金」とは入社してから定年までの間に受け取る総賃金を指します。ここでは，統計調査年別に各年齢の年収を合計して算出し，年次別に生涯賃金を示しています（諸手当や残業代を含む月給および賞与額から構成され，退職金は含まない）。そのため，調査年の賃金額が景気動向等に影響を受けて変化した場合，生涯賃金もそれに連動して変化しています。たとえば，大卒男性の場合，ピーク時の1993年頃から最低値の2013年頃までの20年間で，15％も減少しています（324百万円から277百万円に47百万円減少）。これは，バブル崩壊やリーマンショックで景気が悪化したことや，株主重視経営が進んで労働者の賃金が抑えられたからであると考えられます。

男女では生涯賃金に大きな差

　男女の生涯賃金には極めて大きな問題があります。かつて大卒男性は総合職としての就職率が非常に高い状況でした。それに対して女性の総合職は少なく，職務の限定されている一般職が多かったと考えられます。最近では，男女雇用機会均等，女性活用の推進の機運もあり，大卒女性の総合職比率が高まっています。しかし，女性管理職比率が極めて低いなど，日本の社会の中での女性活用はこれからだと言えます。1995年では男性の生涯賃金は約３億2,000万円であったのに対し，女性は２億7,000万円程度であり，5,000万円もの差があります。この差は拡大・縮小をしていますが，2020年では男性は２億8,000万円に対して，女性は２億4,000万円となっており，全体の水準が低下しているにもかかわらず，差が変わらない，ないしは拡大している状況で極めて深刻です。

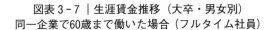

図表3-7 ｜ 生涯賃金推移（大卒・男女別）
同一企業で60歳まで働いた場合（フルタイム社員）

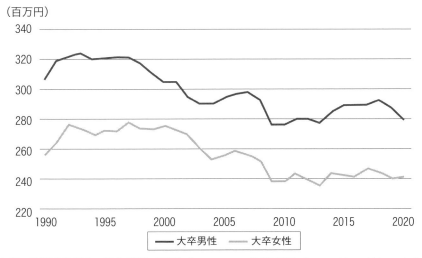

出所：労働政策研究・研修機構（2023）『ユースフル統計2022』（https://www.jil.go.jp/
kokunai/statistics/kako/2022/documents/useful2022.pdf）をもとに作成

企業規模別にはさらに深刻

　生涯賃金をさらに男女別・企業規模別に見ると，大きな特徴があります。大企業の大卒男性社員の3億5,000万円に対し，女性は2億9,000万円でさらに大きな差となっています。しかし，中小企業では男女の生涯賃金の差は大きくありません。これはそもそも中小企業では人手不足であり，活躍して企業業績に貢献する社員に対して性別を強く意識することができないと想定されます。同じ1998年で比較すると，中小企業ともに男女の差は2,000万円程度と少額です。

図表 3-8 | 生涯賃金推移（大卒・男女別・企業規模別）
同一企業で60歳まで働いた場合（フルタイム社員）

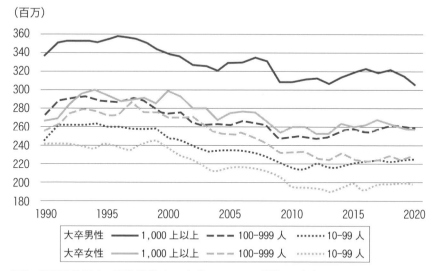

出所：労働政策研究・研修機構（2023）『ユースフル統計2022』（https://www.jil.go.jp/
kokunai/statistics/kako/2022/documents/useful2022.pdf）をもとに作成

生涯賃金改善のために

　これまでの生涯賃金は名目賃金であり，物価上昇や税金，社会保険料負担の
増加を考慮した実質賃金は，年々低くなる傾向にあります。現段階で日本の平
均給与は，先進国の中でも非常に低く，結果，生涯収入も同様に低いと想定さ
れます。単年度の賃金をより魅力的なものにする努力を続けることにより，生
涯賃金が上昇するため，社員に対する配分を再度見直すことが継続する企業経
営として極めて重要になります。

　さらに男女の生涯賃金差は，特に大企業では非常に深刻な状況です。女性の
経営者や管理職，高度専門職を徹底して増やす施策を講じなければいけません。
このような施策を行わない限り，男女の差は埋まらず，継続する企業経営とし
ての大きな問題として残り続けるでしょう。

　また，世の中の風潮として，新卒に関しては初任給が注目されますが，**初任**

給は生涯賃金を表すものでは全くありません。新卒者が企業を選択する際に，初任給ではなく生涯賃金を提示したほうが，より合理的です。実際に採用時に生涯賃金を提示するか否かは議論のあるところですが，少なくとも企業としてさまざまなキャリアのパターンについて，社員の生涯賃金を算出しておく必要があるでしょう。

>>> 施策事例

事例1 ┃ 生涯賃金の算出

　多くの企業では自社の社員の生涯賃金を正確に算出していません。生涯賃金については，平均的な社員のモデル生涯賃金のみならず，昇格が早い優秀な社員の場合やその逆の場合の算出も必要です。今後，特に実力主義的な人事制度となっていく企業が多いため，生涯賃金もモデルだけでは判断がつかないと言えます。さらに，企業の中ではさまざまな職種の人材が存在しています。職種別の生涯賃金も算出しておく必要があるでしょう。社員に対する処遇が適正かは定年後の生活設計も含め，生涯賃金の水準で判断されます。

事例2 ┃ 社員への配分の見直し

　生涯賃金が決定的に低い，また男女の差を是正するためには，生涯賃金の算出をした上で再度社員への配分のあり方を再検討しなければいけません。労働分配率が低下している企業では，社員の処遇を生涯賃金の観点で再度見直す例も見受けられます。

18

可処分所得
驚くほど減少した可処分所得，裕福だった30年前

減り続ける可処分所得

　わが国の労働者の月収は，直近30年間で減少しています。それにもかかわらず，この間，社会保険料や税負担は増加し続けています。そのため，月収からそれらを差し引いて残る手取りの給料（＝可処分所得）は大きく減少しているのです。また，そもそも物価が上昇し続けているにもかかわらず，それに伴って月収が増えていないため，実質的な賃金としての月収も減少しています。

　以上を踏まえると，実質的な賃金としての月収が減少する中，社会保険料や税負担の増加で手取りの給料（＝可処分所得）も減少しているという非常に深刻な問題を抱えているということです。

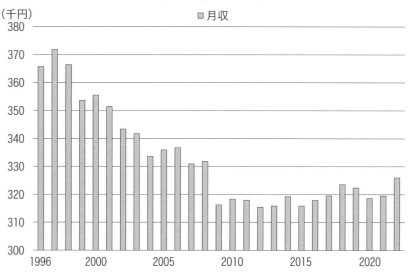

図表 3 - 9 ｜ 月収の推移

注：月収：1人当たりの現金給与総額（決まって支給する給与と特別に支払われた給与の合計額）
出所：厚生労働省（2022）『毎月勤労統計調査』

月収は，ピーク時の1997年頃から最低値の2013年頃まで，約15年間で15％も減少しています（371,000円から315,000円に56,000円減少）。これはバブル崩壊やリーマンショックで景気が悪化したこともありますが，企業が内部留保を進め，人件費への配分を抑えるようになったことも理由の１つでしょう。

重くなる税，社会保険料負担

社会保険料（従業員負担率）は増加傾向にあり，直近30年間で負担率が1.5倍になっています。これは高齢化の影響で医療費支出が増加したことや，長引く不況で労働者の給料が伸び悩み，保険料収入が伸び悩んでいることが挙げられます。また，所得税に関しては最高税率が年々引き上げられています。

図表 3 -10 ｜ 社会保険料率の推移

出所：政府税制調査会（2015）『社会保険料率（従業員負担分の推移）』，および各保険料率について日本年金機構，全国健康保険協会，厚生労働省のデータをもとに作成

極めて深刻な実質賃金の水準

物価が上昇することによる実質的な賃金の減少は，極めて深刻な問題です。1997年までは物価指数の伸びを名目賃金の伸びが上回っており，実質賃金は増加傾向でした。しかし，それ以降は物価指数の伸びに名目賃金の伸びが追いつかず，実質賃金は下降傾向となりました。結果，現在の実質賃金は1996年の83%程度となっています。

図表 3 -11｜物価指数・賃金指数の変動推移

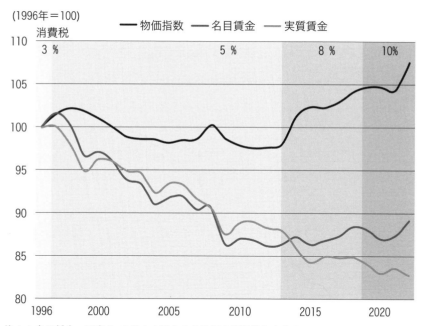

注 1 ：名目賃金：図表 3 - 9 の 1 人当たりの月収を指数化したもの。
注 2 ：実質賃金：名目賃金を消費者物価指数（持家の帰属家賃を除く総合）でデフレートして算出。
出所：厚生労働省（2022）『毎月勤労統計調査』，総務省統計局（2022）『消費者物価指数（持家の帰属家賃を除く総合）』より作成

抜本的な見直しが必要とされる賃金水準

　直近30年間の賃金推移を先進国内で比較すると，伸び悩んでいるのはわが国のみです。今後グローバルに戦う上で優秀な人材を確保するには，各国に引けを取らない賃金水準とする必要があります。また，社員に労働の対価として賃金を支払い，生活基盤の安定性を確保することも企業の重要な責務です。そのため，今後も物価が上昇し，各種の税金や社会保険料も増加していくと考えたときに，社員の実質的な賃金を増やしていくことは非常に重要です。そして，これらを実現するためにも，今後社員の生産性を一層高めて会社業績を向上させるとともに，社員への人件費配分を高めなければならないでしょう。

》》》施策事例

事例1｜ステークホルダー間の配分の見直し

　株主，企業，社員などのステークホルダーに対する配分を抜本的に見直し，今まで株主，企業に重点的に配分していたスタンスからよりバランスのある配分に改革しなければなりません。ある企業では**企業業績，配当，内部留保，社員への配分（労働分配率，平均年収等）を指標化**し，適正に社員への配分を行えるように可視化しています。

事例2｜給与改定タイミングの見直し

　給与の改定は，多くの企業では毎年同月に実施します。しかし，社員への適正な配分，実質所得の維持向上を考え，定期的に物価をウォッチし急激な物価変動があるタイミングや社会保険料の増加，税制の改定などのタイミングで給与改定を機動的に行っている企業も存在します。年に1回の昇給という古い考え方ではなく，**社会情勢に合わせて常に給与を機動的に改定する**スタンスを取ることで，社員への配分のタイミングを適正化することができます。

19
勤続年数別賃金格差
「賃金カーブ」が「カーブ」しなくなる？！

根強い年功序列傾向

　日本では長年，いわゆる「年功序列」による人事運用を行ってきました。年功序列とは，社員が会社に長く在籍すればするほど処遇を高くすることです。日本では，時代により多少の差はありますが，入社時と勤続30年時点では約２倍の処遇差があるのです。入社時と勤続30年時点の処遇の上昇率を時代ごとに見てみると，1976年，1995年，2021年でそれぞれおよそ2.3倍，2.2倍，1.7倍です。上昇率が特に顕著な1976年は高度経済成長後の経済が安定していた時期であり，勤続年数が長ければ長いほど処遇が上がっていく年功序列的傾向が色濃かったことがわかります。

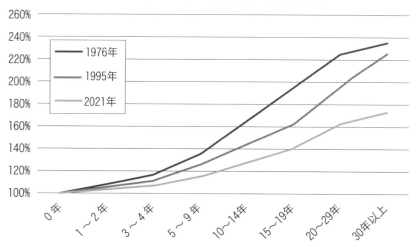

図表3-12｜勤続年数別賃金格差（所定内賃金）

注：1976年，1995年，2021年の各調査年での男女計の「勤続０年」の平均所定内賃金額を
　　100としたときの各勤続年数階級の平均所定内給与額を表している。
出所：厚生労働省（2021）『賃金構造基本統計調査』

　1970年代に対して，1990年代はバブル経済が崩壊し，経営の効率化を迫られた時期です。1995年のグラフを見ると，傾向としては右肩上がりではあるものの，1976年と比べると上昇率が抑えられています。年功序列的傾向は残っているものの，その度合いは薄まってきていると言えます。さらに，2021年の数字を見ると，勤続年数の増加による処遇の上昇率はさらに小さくなっています。近年は失われた30年とも呼ばれる低成長時代であり，年齢や勤続年数の長さに対して報いる余裕がない企業が多くなっていることも一因でしょう。また，グローバル化が進んだことによる競争力強化の観点や，自社で育成する余裕がないことから即戦力を求める傾向が強まっていることも関係していると考えられます。自社に貢献している期間の長さではなく，能力に応じて処遇する企業が増えているのです。

他国との比較においても年功的傾向が強い日本

　勤続年数増加による給与の上昇率が下がってきているとはいえ，諸外国と比較すると，日本では近年においても年功的な傾向は依然として強いことがわかります。「勤続1～5年」から「勤続30年以上」への処遇の上昇率は日本で約1.7倍であり，約1.4倍のイタリア，フランス，約1.3倍のイギリスなど，欧州の主要な国々と比較して高い水準にあります。また，スウェーデンでは勤続15年を超えると給与は右肩下がりとなっており，ピークである「15～19年」時点でも1.1倍，「勤続30年以上」では約1倍と低い水準です。ちなみに，ドイツでは日本と同じく長期雇用を前提としているため，約1.6倍と高い水準にあります。

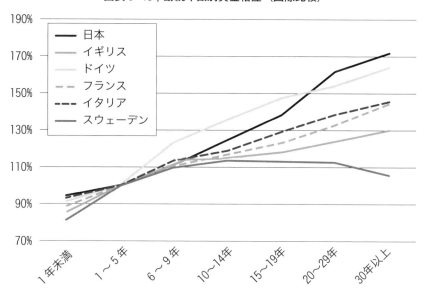

図表 3-13 | 勤続年数別賃金格差（国際比較）

注1：日本の勤続1～5年欄は1年以上5年未満，勤続6～9年欄は5年以上10年未満。
注2：公務・防衛・義務的社外補償を除く非農林漁業を対象とした産業計。
出所：労働政策研究・研修機構（2022）『データブック国際労働比較2022』（https://www.
　　　jil.go.jp/kokunai/statistics/databook/2022/documents/Databook2022.pdf）

年功序列はなくなる傾向

　一部企業では新卒初任給を年収1,000万円とするなど，年齢や社歴にかかわらず，能力や成果に対して処遇を決めることなどが話題になっています。また，労働市場の流動化が進み中途入社をする労働者の割合が増加することにより，勤続年数が短くても給与が高い人が増えることが考えられます。これらを要因に，勤続年数が短い属性の処遇が高くなることが予想されます。一方で，今後は勤続年数が長いからといって処遇が高くなるとは限らないでしょう。長期の功労よりも，現在保有している能力やパフォーマンスの高さに対して処遇する会社が増えると考えられるためです。これらの影響により，今後は勤続年数と処遇の高さとの関連性はさらに弱まるでしょう。「賃金カーブ」という言葉がなくなる日もそう遠くはないかもしれません。

〉〉〉施策事例

事例1｜職務型人事制度への転換

　長年にわたって年功序列型人事制度を運用した結果，平均年齢の上昇とともに人件費が高騰していた事例です。特に50歳以上の役職に就いていない高い等級の社員の給与が人件費を高く押し上げていましたが，実際にこれらの社員は中堅社員と同じ職務を担当していました，にもかかわらず，給与が異なることについて若手中堅社員の不満が非常に大きくなっていました。

　この企業では，年功序列型制度から職務に着目した制度へ変更することにしました。実際に担当している職務によって，年齢に関係ない給与を設定する制度です。この制度改定により，中堅社員の給与が増額し，中高年社員の一部の社員は減額となりました。ただし，中高年社員をいきなり減額するのではなく，5年間経過措置を実施し，給与が激変しないような配慮を行っています。

事例2｜ジョブ型制度への転換

　この企業では人により担当する職務が異なっており，画一的な等級制度などが当てはまらない構造で，営業，企画，内部管理，システム，金融の専門家などが混在していました。今までは簡単な等級制度で給与を決定していましたが，担当する職務があまりに異なり，労働市場も全く異なることから，社員の給与に対する公平感が希薄でした。そのため，1人ひとりの社員の担当するジョブを毎年設定し，外部労働市場を参考に給与を決定する方式に切り替えました。

20

内部留保・利益剰余金
株価が上がっても賃金は上がらない

増え続ける内部留保，強まるリスク管理

　企業が生み出した当期純利益において，株主配当金に回されない部分が内部
留保です。そして，その内部留保が利益剰余金として自己資本に計上されます。
図表3-14は，10年間の利益剰余金と現金・預金の推移です。毎年増加を続け
ていることがわかりますが，直近の2021年度は，利益剰余金が516兆円にも及
びます。そして現金・預金額もあわせて増え続けていることから，企業の将来
に向けたリスク管理が進んできたこともわかります。ただし，本来，利益剰余
金は，企業価値を高めていくために，設備投資やM＆A（合併・買収）などに
活用していくことも重要です。

図表3-14｜10年間の利益剰余金と現金・預金の推移

（兆円）

■ 現金・預金（当期末流動資産）　■ 利益剰余金（当期末）

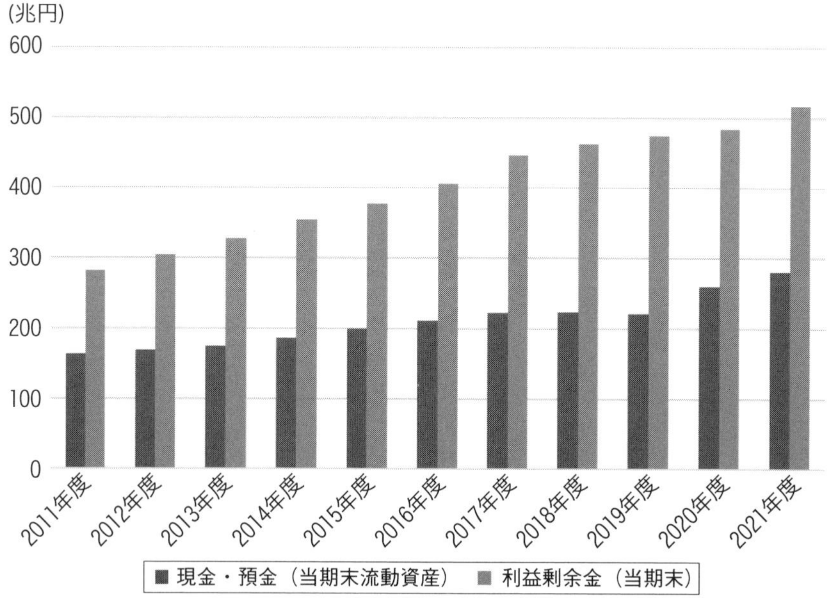

出所：財務省財務総合政策研究所（2021）『法人企業統計調査（金融・保険業を除く）』

企業価値の向上が賃金に還元されない

　企業価値を測る1つの指標に，株価があります。会社の業績が客観的に評価され，証券取引所で行われる売買価格，時価として表されます。日経平均株価の対象となる銘柄数は225銘柄ですが，TOPIXは旧東証一部上場のほぼすべての銘柄で4,000銘柄以上になります。日経平均株価は「株価平均型」であるのに対し，TOPIXは「時価総額加重型」です。よって，日経平均株価は株価が高い銘柄の影響を受けやすいのに対し，TOPIXは時価総額が高い銘柄の影響を受けやすいです。企業が投資した結果，企業価値の向上，つまり株価も上昇していることが望ましい状態です。**図表3-15**の2011年度から10年間の日経平均株価とTOPIXは，ともに大きく上昇を続けています。2008年のリーマンショック，2011年の東日本大震災などにより経済は低迷しましたが，これらの株価の上昇の背景には2012年より政策として実行されてきたアベノミクスの「民間投資を喚起する成長戦略」などがありました。

　このように企業の価値は株式市場で評価されてきた一方で，従業員の人件費や人件費単価は，ほぼ同水準で推移しています。これは企業価値が高まり，内部留保が増えているにもかかわらず，従業員への還元が十分に行われていないということが如実に表れており，日本における重大で構造的な問題となっています。

人的投資の推進が急務

　この問題を解決していくために，今後，人事として重要となる役割は，効果的な投資とその効果検証を人事面で機能させていくことです。環境の変化が速く，グローバル化の推進など難易度が高い課題を解決できる優秀な人材は取り合いとなっています。今後を見据えた事業領域に対してM&Aなどを推進できる人材を獲得，確保していくことが欠かせません。また，組織全体の生産性を高めていくために，テクノロジーの活用を前提とした設備投資も重要です。その投資を実現していくためには，DX人材などの育成，獲得も重要な役割です。

　そして，内部留保を増やしているにもかかわらず，従業員への還元ができていないことも踏まえると，企業は投資をしっかりと実行することに加え，2〜

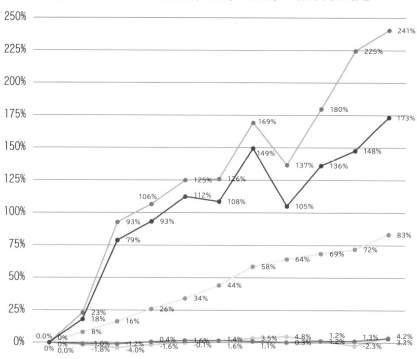

図表3-15 | 10年間の内部留保，株価，人件費，人件費単価の推移

注1：内部留保：金融・保険業を除いた他業種の利益剰余金（利益準備金，その他利益剰余金の総和，期末数値）を算出。

注2：日経平均株価：年度末の終値を利用。

注3：TOPIX：年度末の終値を利用。

注4：人件費：財務省「法人企業統計調査」より金融・保険業を除いた他業種の従業員給与・賞与の総和を算出。

注5：人件費単価：財務省「法人企業統計調査」より金融・保険業を除いた他業種の従業員給与・賞与の総和を従業員人数をもって算出。

出所：財務省財務総合政策研究所（2021）『法人企業統計調査』

３割平均賃金を引き上げ，優秀なグローバルな人材の獲得や従業員に対する生活不安を払拭していくことが重要になってきています。

》》》 施策事例

事例1 | 労使で協議，あるべき賃金水準を議論できる土壌づくり

自社の労働分配率や労働生産性などを定期的に把握し，付加価値に対して適切な分配水準であるか，また1人ひとりが付加価値を高めているのかをしっかりと検証する必要があります。検証した結果，付加価値の向上や業界水準から見ても社員への分配が不十分であれば，分配率を高めるなど，労使間で適正な賃金水準について議論を行い，**客観的な指標をもとに決定できる土壌を作る**ことが有効です。

事例2 | 経営層や次世代人材への事業推進の強化に資する教育と実践

VUCAの時代の中で，将来に向けた不安は拭えません。そういったことから，積極的な投資が控えられ，また内部留保が際限なく増えていってしまっている可能性もあります。将来の健全な発展や成長を実現していくためには，**現在の経営層や今後事業を担っていく次世代の人材への積極的な教育と実践**が欠かせません。将来も含め，現状の財務状況を改めてしっかり認識してもらうとともに，**将来の投資も含めた事業戦略を立案**していく必要があります。また，計画だけでなく，事業戦略を成功させていくために，**経営層や次世代を担う人材のレベルの高い行動力，リーダーシップなどの発揮**が欠かせません。

事例3 | サービスの付加価値向上に資する新たな事業への投資

方針もなく内部留保を際限なく増やしていくことは望ましくありません。**内部留保の方針を定める**とともに，**社員への還元をできるだけ実現できる施策**をしっかりと講じていくことが重要です。まず付加価値向上を前提としたサービスの値上げと，その一方で間接経費削減を両輪で進め，成長と収益性の向上を同時に進め，社員に還元できる好循環のサイクルの実現を目指していく必要があります。特に重要になるのはサービスの付加価値向上です。さまざまな方法がありますが，DXを推進し新たな事業を立ち上げ，より付加価値の高い技術・サービスに移行していくことも有効な選択肢ではないでしょうか。その一方で，毎年クライアントに対し値上げ交渉を行い，収益も確保していきます。部門（専門領域）が機動的に活動できるように，組織はフラットに設計，部門別に専門スキルの採用・育成をスピーディに進めることで，市場価値の継続的な維持，向上の実現を目指します。

21

最低賃金
人件費削減・抑制策は限界に

2022年の引上げ幅は過去最大

　毎年改正される最低賃金ですが，2023年は全国平均で時給1,004円（前年比43円増）とすることが決定し，現在と同じ最低賃金の仕組みとなってから，過去最大の増加幅となりました。東京都の最低賃金は1,113円に引き上げられました。この決定は，特に人件費の単価が最低賃金水準のパート・アルバイトを数多く抱える企業に大打撃となるはずです。また，改正のたびに，初任給水準だけを引き上げる改定を繰り返してきた企業からは，「賃金カーブの角度が寝てしまう」ことについての相談が多くなっており，**年齢とともに徐々に賃金を上げていく「賃金カーブ」の処遇思想自体がすでに限界を迎えている**ことがわかります。

図表 3 -16｜最低賃金引上げの推移

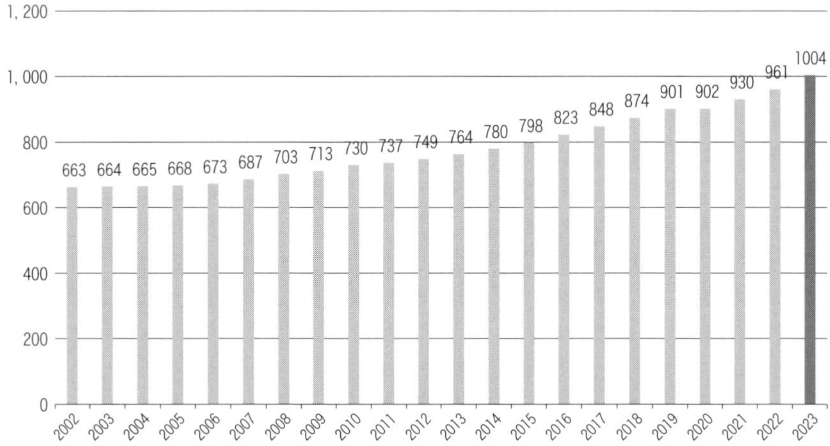

年	金額
2002	663
2003	664
2004	665
2005	668
2006	673
2007	687
2008	703
2009	713
2010	730
2011	737
2012	749
2013	764
2014	780
2015	798
2016	823
2017	848
2018	874
2019	901
2020	902
2021	930
2022	961
2023	1004

出所：厚生労働省（2023）『地域別最低賃金の全国一覧』

先進国の中では低水準

　2023年の最低賃金は，2022年と比較して4.5％の上昇率となっており，過去最大の増加幅です。この決定に際して，国際情勢の変化による物価上昇などが考慮されました。2002年の663円と比較すると20年間で約1.5倍に引き上げられており，かなり大きく引き上げられてきた印象を持たれるかもしれません。

　一方で，諸先進国の最低賃金と比較すると，日本の最低賃金水準はまだ十分に高いとは言えません。G7のうち，最低賃金の仕組みが存在しないイタリア，州により水準が異なるカナダを除く5カ国の中で日本は最低水準です。為替レートにもよりますが，2022年10月21日時点の為替レートを用いて，ドル換算で比較をすると，日本の最新の最低賃金はイギリスおよびフランスの60％程度の水準です。消費財の多くを輸入製品に頼る日常生活を考えると，日本で給与を得ながら輸入された商品を消費し続ける生活をするには1,500〜2,000円ほどの時給単価が必要かもしれません。

図表 3 -17 ｜ 最低賃金各国比較

最低賃金（各国通貨）　　　　　　　　　　　　　　　　　　　　（USD換算）

	単位	2018	2019	2020	2021	2022	2022（USD）
日本	円	848	874	901	902	930	6.16
アメリカ	USD	7.25	7.25	7.25	7.25	7.25	7.25
イギリス	GBP	7.5	7.83	8.21	8.72	8.91	10.01
フランス	EUR	9.88	10.03	10.15	10.48	10.57	10.36
ドイツ	EUR	8.84	9.19	9.35	9.5	9.82	9.63

注：USD換算においては2022/10/21の為替レートを使用。
出所：労働政策研究・研修機構（2022）『データブック国際労働比較2022』(https://www.jil.go.jp/kokunai/statistics/databook/2022/documents/Databook2022.pdf)p127をもとに作成

労働生産性は低く，伸びも鈍化

　さらに，1人当たりでどれだけの付加価値を稼いでいるかを示す指標である労働生産性の各国比較を参照します。日本は，単価自体が低いにもかかわらず，労働生産性も低く，他国と比較してその伸びも鈍化しています。

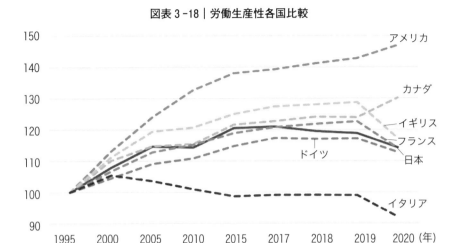

図表 3 -18 | 労働生産性各国比較

出所：OECD Stats,"Level of GDP per capita and productivity"（2022年 2 月に利用）（https://stats.oecd.org/index.aspx?DataSetCode=PDB_LV#）

　単価の低い労働者が，薄利な利益を稼いでいる事業の構造が示唆されます。メーカーを例に挙げると，同じ分野のものを作る企業であっても，日本企業では，原料を輸入し，部品を製造・輸出するケースが多く，一方で労働生産性が高い欧米諸国の企業では，日本を含むアジア諸国から部品を輸入し，より上流の部品や完成品を製造・輸出する割合が多いです。原料を部品にするよりも，部品を完成品にするほうが利益率が高く，付加価値額が高いため，人件費水準が多少高くとも，労働生産性を高く維持できます。すべての産業や企業で一概に同じ傾向にあるとは言えませんが，少子高齢化により日本国内の内需が伸びない状況下では，グローバルに需要を見出し，ビジネスプロセスの中で，より優位な立ち位置に立つだけの競争力が必要であることがわかります。

付加価値向上のための本質的な変革を

　ビジネスモデルや商品・サービス，商流の変革なしに，人件費削減・抑制に依存した労働生産性の向上には限界があります。極端に言えば，「最低賃金上昇による人件費コスト上昇分をどこで帳尻を合わせようか」という議論から永遠に抜け出すことができません。**より利幅の高いビジネス領域にポジショニングをシフトし，付加価値額を向上するビジネスモデルの追求，人件費単価を上げても１人当たりが稼ぐ価値が上がるビジネスの構造・人材活用の仕組みづくり**が求められます。

》》》施策事例

事例1│生産性の向上と昇給

　社員の労働生産性や時間生産性を正確に把握し，生産性が向上した分の一部を昇給する仕組みを導入している企業があります。この生産性向上のために社員の能力やモチベーション向上のための施策と同時にできる限りの機械化，システム化を行っています。その結果，生産性が向上した一部についてパート・アルバイトも含めた従業員に対して昇給という形で還元するという考え方です。これは最低賃金をベースとするのではなく，**生産性を軸とした賃金設定に転換するという考え方**です。

事例2│パート社員の時給を正社員並みに

　非正規社員の割合が全体の労働者の40％を占める今，最低賃金をベースとした時給設定では十分な採用ができない企業が多くなっています。また，正社員と同様の仕事をしているパート社員がいる企業も多くあります。ある小売業では，**パート社員の時給を正社員の賃金をベースに決定する**ように変更した事例があります。これは小売業など，パートの活躍が企業業績に大きな影響を与える業界では最低賃金での採用は限界があるということを示しています。

働き方の多様化に関する主要データ

　社員の働く環境を整備することで，社員が長く健康で働き，高い成果を出せることにつながります。しかしながら，働き方は人によって異なるところがあります。

　働き方については給与所得者，いわゆるサラリーマンのほか，自分の専門を生かして新たに副業をする，個人事業主として独立する，または企業の立ち上げを行うというキャリアの多様性があります。しかし，日本では副業も個人事業主も極めて少ない状況です。個人事業主としての独立は現実的には非常に厳しい状況です。副業に関してもこれから定着していくスタートラインに立ったという状況ではないでしょうか。有力なベンチャー企業も多くは出現していません。大半は給与所得者として働くというのが現在の日本の状況です。

　また，日本は世界的に見ると女性活用が極めて遅れている状態です。たとえば男性育休取得率は徐々に上がってきているもののまだ極めて低い状況であり，女性管理職の登用に関しても大きく改善はされていません。

　これからは性別や年齢による制限のない人事制度に転換していく必要があります。

　働き方の多様性が定着していくためには，具体的な施策以前の問題として経営者や幹部の発想の転換が必須になります。企業のトップレベルでの働き方への発信，またそれを受け入れる文化，そして家庭内においても夫婦の働き方と家事の分担などを議論することが必要となります。

　第4章では働き方に関する重要なデータを示し，日本が働き方の多様性の面でいかに遅れているかを確認した上で，具体的施策ではなく発想を変えることが必要であるということについて述べます。

22

定年再雇用実態
定年年齢や賃金カーブの実態

70歳まで働く時代へ

　2021年から改正高年齢者雇用安定法が施行され，70歳までの就業機会の確保が努力義務となりました。これまでは，65歳までの希望者全員の雇用機会を確保することが企業に求められていましたが，今後は，65〜70歳までの就業機会を確保することが求められます。過去を振り返ると，1960〜70年代には55歳定

図表 4 - 1 ｜ 定年年齢別の企業割合

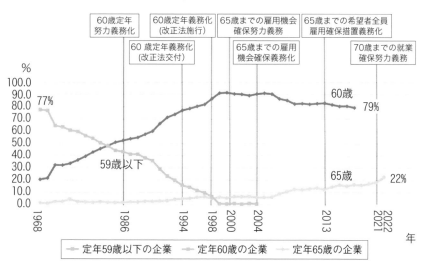

注 1 ：一律定年制を定めている企業の定年年齢別企業数割合の推移（一律定年制を定めている企業＝100）。
注 2 ：年齢59歳以下は，2004年まで集計。
注 3 ：年齢60歳は，2017年まで集計。
注 4 ：定年制廃止企業は含んでいない。
出所：厚生労働省『雇用管理調査』（2004年以前），『就労条件総合調査』（2005〜2017年），『高年齢者雇用状況報告』（2018〜2022年）をもとに作成

図表 4 - 2 ｜ 65歳までの雇用確保措置および70歳までの就業確保措置の実施状況

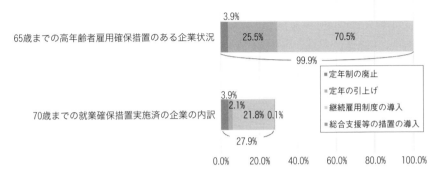

出所：厚生労働省（2022）『令和 4 年「高年齢者の雇用状況報告」』集計結果をもとに作成

年が主流でしたが，1998年に60歳定年が義務化されました。その後，高齢者雇用に関わる法改正は加速し，2022年 6 月 1 日時点で，65歳定年の企業割合は全体の22%と緩やかに増加してきています（**図表 4 - 1**）。また，60〜65歳の雇用に関しては，約 7 割の企業が継続雇用制度の導入によって雇用確保措置を講じ，70歳までの就業確保措置についても約 3 割の企業が導入を始めています（**図表 4 - 2**）。新卒で入社し，約50年もの長い間，同じ会社で働き続けることが可能になったとも言えます。当然，その間には，ライフイベント，興味・関心，価値観など働き手自身の変化と，仕事そのものや仕事で必要なスキルの変化など，目まぐるしい環境変化が起こります。働き手にとってはどう働いていくか，企業にとっては最適な人材に働いてもらうにはどうするかが問われます。

緩やかになりつつある55歳以降の賃金低下

　長く働き続けられる仕組みは整備されつつありますが，シニア人材がモチベーションを高く活躍し続けられる状況となっているかについては議論があります。**図表4-3**は，65歳までの雇用機会確保が努力義務となった2000年以降の10年ごとの所定内賃金の賃金カーブを示しています。2000年は，30〜40代前半で賃金が大幅に上がり，50〜54歳でピークを迎える賃金カーブを描いていました。2010年には，全体的に賃金カーブの上昇が抑えられ，企業が雇用延長の期間をコストと捉えて，人件費を抑えようとしている傾向がみられます。2020年には，若年期や55歳以降の賃金が引き上がり，賃金カーブは緩やかになりつつあります。若年層の労働人口が減少していることや同一労働同一賃金の動きが影響していると考えられます。

図表4-3｜賃金カーブの推移

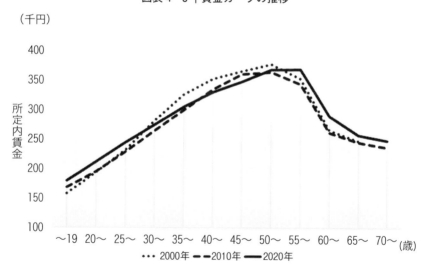

注1：年齢階層別の所定内賃金をグラフ化。
注2：2007年以前は，「70歳〜」データが集計されていない。
出所：厚生労働省（2020）『賃金構造基本統計調査　産業計（企業規模10人以上）』

選び，選ばれる時代へ

　年功的な賃金カーブは，年齢が高くなるにつれて家族が増え，生活費がかかることに対応する生活給の考え方や，一度身についた能力は低下することはないという職能給制度を導入する企業が多かったことから表れている事象です。そして，コストコントロールの観点から，定年をきっかけに，年功的に上がってきた給与を一律で減額する仕組みが多くの企業で取り入れられてきました。今後，賃金面においては，**ジョブ型制度・役割型制度**など，仕事や役割に応じた給与に移行し，**年齢による賃金カーブは緩やかになっていく**ことが想定されます。働き手にとっては，仕事に見合ったスキルを身につけていくという意識改革が必要となります。企業にとっても，**キャリア形成や社員の職務能力向上のサポートを行う**ことにより，働き手から選ばれる企業となり，持続的な発展につながっていくことになります。

》》 施策事例

事例1｜年功賃金制から成果主義への移行と等級別人員構成の調整

　55歳までは年功的に給与が上がり，55歳で一旦減額，62歳でさらに減額する制度を持つ企業が，各人の成果を定量的に管理する仕組みを導入した上で，成果主義的な制度に移行し，**62歳まで同一処遇**に改定しました。**若年期の能力習熟期は安定的に昇給する仕組みとし，中堅層以上は成果に応じた運用**とすることで，等級別の人員構成を適正な状態に維持し，制度改定の人件費原資を生み出しました。

事例2｜60歳以上の再格付けと柔軟な働き方

　60歳以上については，仕事のレベルに応じた等級を設け，会社と本人の働き方に対するニーズに従って，**仕事に応じた等級に再格付け**する事例があります。60歳前と同様の働き方を希望する場合には，定年前と同じ人事制度が適用され，仕事の内容も変えて働きたい場合，会社としてもその仕事が用意できる場合には，仕事レベルに応じた処遇が適用されます。

23

テレワーク関連統計
コロナ禍の応急処置ではなく，働き方改革のためのテレワークへ

テレワーク実施の現状

　コロナ禍以降，テレワーク活用が推進され多くの企業が導入してきました。しかし，最近では緊急事態宣言などの行動制限もないため，出勤形式に戻している企業も増えてきているとの報道もあります。ワークライフバランスの充実や，多様な働き方の実現による労働力の確保，移動コストの削減など，テレワークによる「働き方改革」への理解が浸透してきた一方，出勤してはならない事情がある際の「応急処置」として考えている企業が多いのではないでしょうか。

　従業者数別でのテレワーク実施状況を見ると，従業者数による差が顕著です。特に，100〜299人規模では，「導入していないし，具体的な導入予定もない」

図表 4 - 4 ｜ 従業者規模別テレワーク実施状況

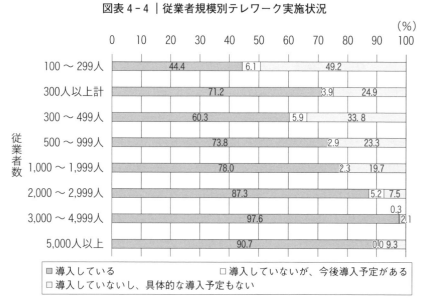

出所：総務省統計局（2021）『令和 3 年通信利用動向調査』

が約半数を占めます。大企業であれば，導入に際してのコスト面や，人員が十分にいることなどからスムーズな導入が可能であるが，中小企業においてはコスト面，人材面からも難しいと言われています。

　また，テレワークに移行できる仕事だとしても，コロナ以前の業務の進め方をいきなり変更するということは文化的にも難しいという側面があるかもしれません。

テレワークの使い分け

　テレワークを導入している企業で，テレワークを利用する従業者の割合は，100〜299人規模では5％未満が最も多く，そもそものテレワーク導入自体が少ない中，導入していても利用はかなり限定している様子がうかがえます。2,000人以上の規模の企業では従業者の10〜30％のテレワーク利用が最も多くなっています。テレワークを導入しているからといって，すべての社員がテレワーク

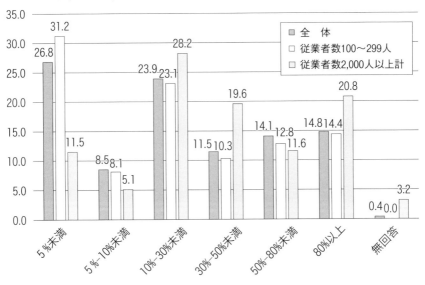

図表4-5 | 従業者規模別テレワークを利用する従業者の割合

テレワークを利用する従業者割合

出所：総務省統計局（2021）『令和3年通信利用動向調査』

を利用しているわけではなく，一部の社員に限定したり，職種によって使い分けたりしている状況でしょう。会社の実情に合わせて適宜適切な利用法の検討の余地はありそうです。

テレワークを導入しない理由

　テレワークを導入していないと回答した企業で，テレワークを導入しない理由としては，「適した仕事がないから」というものが最も多く，次いで多いのは「業務の進行が難しいから」です。業務進行の難しさを解決するためには，まずは**業務プロセスの見直し，標準化やシステム化**といったことで解決できる余地はあると考えます。たとえば，会議や面接もWEBで行い，紙文化をデジタルに移行し電子印鑑を使用するなど，プロセスの見直し，システム化によって，今まで「テレワークに適していない」と思い込んでいた業務がテレワークでも可能となるかもしれません。

図表 4 - 6 ｜ テレワークを導入しない理由

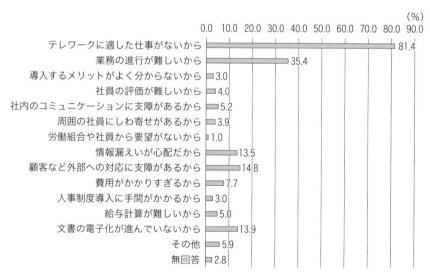

出所：総務省統計局（2021）『令和 3 年通信利用動向調査』

働き方改革としてのテレワーク

　現在，テレワークを導入していない企業は中小企業に多く，またテレワークを導入している企業においても，今後出勤形態に戻す企業も出てくるでしょう。しかし，テレワークには働き方改革を推進する効果も見込まれます。どこでも働くことができることは多様な働き方の実現，それに付随して労働力不足の解消につながります。また，移動時間などを省くことで生産性を向上する効果があると考えられます。仕事のすべてをテレワークに置き換える必要はなく，テレワークでできること，できないことを精査し，テレワークへの理解を促進し，適切な利用について働き方改革の視点から検討する必要があるのではないでしょうか。

》》》施策事例

事例1｜パフォーマンスを最大化させるハイブリッド型の働き方

　テレワークと出社，サテライトオフィスを組み合わせ，場所に縛られずに業務ができる制度・環境を整備し，事業特性などを踏まえて，組織と社員個人が最も力を発揮できる働き方を追求しました。たとえば，**サテライトオフィスを開放**し，営業部門の社員が外回りの隙間時間に近隣のサテライトオフィスを活用するなど，外出時や通勤時における**移動時間を短縮する効率的な働き方**を実現しています。

事例2｜ICTの積極活用とコミュニケーション

　コミュニケーションやコラボレーションのために，ICTツールを全社的に導入し活用しています。スケジュール管理のルール化や週1回の1on1ミーティングを取り入れ，**ツールの活用とコミュニケーションのバランスを意識した取組み**を実施しています。

事例3｜業務改革

　業務構造の棚卸を行い，優先度や重要度，影響度を可視化することやRPA（ロボティック・プロセス・オートメーション）を導入するなどの業務プロセス改革を行い，**場所にとらわれない働き方ができる環境の整備**を行いました。また，現場での実務が必須の部門においても教育・研修においてはテレワークを活用し，**部門を超えたコミュニケーションの創出やネットワーク構築**を実現しています。

24

副業関連統計
「多様で柔軟な働き方」の幻想

意外と進まない副業

　近年，「副業」というワードをよく耳にするようになりました。2018年に厚生労働省作成のモデル就業規則から「許可なく他の会社等の業務に従事しないこと」という副業を禁止する文言が削除されたことも象徴的です。企業は，従来の働き方や就業管理と真剣に向き合わなければなりません。日本における副業者数は徐々に増加傾向にあるものの，雇用者全体に占める割合は低く，副業はまだ一般的ではありません。副業者が増加傾向にある背景の1つには，1つの会社で定年まで勤め上げるという会社中心の考え方から，各自のライフスタイルやキャリアプランに合わせて柔軟に働き方を選択する労働者中心の考え方

図表 4 - 7 ｜雇用者に占める副業者数

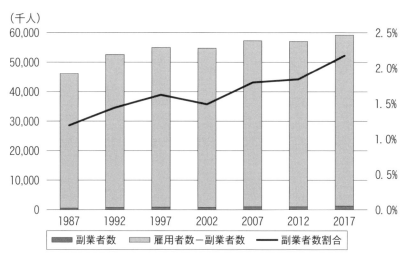

注1：本グラフにおける副業者は，本業・副業どちらも雇用者として従事している者を指し，自営業者もしくは家族従業者として従事する者は含まない。

注2：雇用者には「会社などの役員」である者を含む。

出所：総務省統計局『就業構造基本調査』の各年のデータをもとに作成

にシフトしていることが挙げられます。ただし，2017年度における雇用者に占める副業者の割合は2.2%と，まだ副業という働き方はメジャーではないことがわかります。

副業の理由は高度スキル活用と収入確保の二極化

そして，所得階層別の副業率には，極めて大きな特徴があります。所得階層別に3区分すると，高い層（1,000万円以上）と低い層（199万円以下）の副業率は高いのです。高い層は，高度な専門技術やスキルを有しており，労働市場で人材不足となっている層であることから，スキルを活かす場が多いことが挙げられます。また，低い層は，非正規社員の占める割合も高く，より多くの収入を得るために複数の仕事を掛け持ちしています。その結果，他の所得階層よりも高い数値となっています。一方，ボリュームゾーンとなる中間層（200〜999万円）の副業率は低く，特に400〜599万円において2.1%と低い結果となっています。日本において副業を推進していくには，この**ボリュームゾーンの人々の**

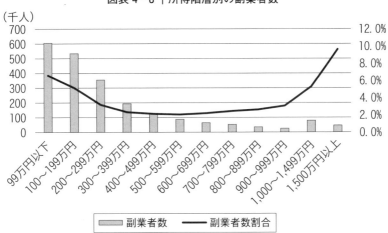

図表4-8｜所得階層別の副業者数

注1：本グラフにおける副業者は，本業で雇用者として従事している者を指し，自営業者もしくは家族従業者として従事する者は含まない。
注2：雇用者には「会社などの役員」である者を含む。
出所：総務省統計局（2017）『就業構造基本調査』をもとに作成

副業率をいかに上げることができるかが重要なポイントとなります。

企業の副業許容実態と今後の課題

　ボリュームゾーンとなる中間層の副業率が低い理由の1つとして，企業の副業に対する制度の整備が進んでおらず，対応が遅れていることが挙げられます（**図表4-9**）。「平成26年度 兼業・副業に係る取組み実態調査」（中小企業庁）では，「副業を推進している」と回答した企業は0％，「推進していないが容認している」と回答した企業は14.7%のみという結果でした。2021年に行われた「第4回 コロナウイルス感染症影響下における生活意識・行動の変化に関する調査」（内閣府）では，「副業が許容されている」と回答した就業者は26.7%のみであり，過半数以上の企業において副業制度が整備されていない，もしくは従業員に制度が浸透していませんでした。

　副業の対応を進めるにあたり，企業は労働日数や労働時間に柔軟性を持たせるなど，フルタイム雇用に頼る従来の就業管理方法からの脱却が求められています。企業内の特定の機能やスキル領域において，マンパワー活用方針として，"人を中長期的に保有する"考え方から，"必要なスキルを必要な時に調達する"

図表4-9 | 企業における副業の制度整備状況

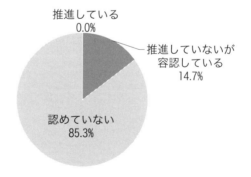

推進している
0.0%

推進していないが
容認している
14.7%

認めていない
85.3%

出所：中小企業庁（委託先：リクルートキャリア）（2014）『平成26年度　兼業・副業に係る取組み実態調査事業報告書』（https://www.chusho.meti.go.jp/koukai/nyusatsu/2016/161128kengyo1.pdf）

考え方に転換する必要が出てくるでしょう。時代に即した就業管理へアップデートできているか，そして従業員が柔軟な働き方を受け入れることができるのかについて，経営方針や事業内容と照らし合わせながら今一度見直す必要があります。

>>> 施策事例

事例1｜グループ企業内副業

　多様な働き方実現の現実的な第一歩として，**グループ内副業**の仕組みを導入した事例があります。ホールディングスと傘下企業の計10社ほどの企業グループ内にて，一時的に特定企業または部署で作業量が増えた場合や，短期的に特定のスキルが必要になった場合に，グループ内従業員向けに募集をかける仕組みです。従業員側のメリットとしては，日々の業務だけで発揮しきれない**スキルを活かす機会の享受＋αの臨時収入の獲得**です。企業側のメリットとしては，短期的な繁忙に対応でき，また，新たに採用企画・募集・入社手続・採用後の中長期の雇用責任を負うことなく**スピーディにスキルを確保**できるメリットがあります。さらに，グループ内で働く人材の活用であることから，本業と副業の**合計の労働時間が過多とならないかの確認・管理が容易**であることも利点でした。

事例2｜新たな価値創出のための副業・兼業人材の受入れ

　スピード感を持って新たな取組みを推進するためには，従来とは異なる知見，経験，価値観を取り入れ，組織活性化を図ることが欠かせないとの考えのもと，外部の優秀な人材を「副業・兼業」の形で受け入れたという事例があります。同業他社の雇用者は基本的に対象外として，週に1日程度のリモートワークで勤務地を固定せず，プロジェクトのアドバイザーやディレクターを募った結果，社内の人材育成や経験者採用では獲得が難しい人材の確保ができ，プロジェクトの活性化につながった事例です。**さまざまなスキルや経験を持った人材の共働によりイノベーションが創出される**ことが証明され，社員の異業種間の副業・兼業を解禁することにつながっています。

25

企業数増減率
サラリーマン大国，ニッポン

増えない開業・起業

　近年，働き方の多様化，価値観の多様化という言葉を頻繁に耳にするように
なりました。テレビやインターネットでは，若い起業家やフリーランスが頻繁
に取り上げられるようになったり，個人のスキルを販売するようなサービスが
展開されたりと企業に属さない働き方が増えている感を覚えます。これらの定
性情報によると開業・起業数が増えているように思えますが，現実には1999年
を基準として企業数の推移を見ると右肩下がりに減少しています。起業・開業
が少なく，開業率より廃業率が高いことが原因です。

図表 4 -10 | 企業規模別企業数の増減率 （1999年対比）

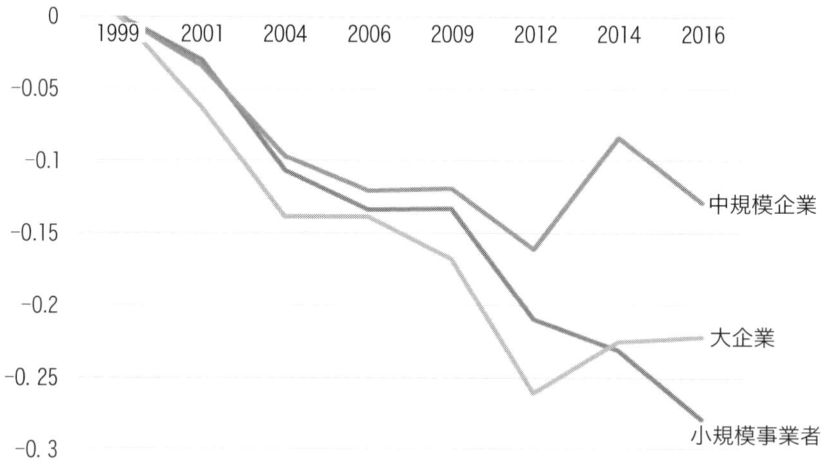

注：企業数＝会社数＋個人事業者数とする。
出所：総務省統計局『事業所・企業統計調査』，『経済センサス基礎調査』，総務省・経済産
　　　業省『経済センサス一活動調査』それぞれ各年度のデータをもとに作成

　開廃業率の推移を見ると，2000年頃までは開業率が廃業率を上回っており，企業数が増加していたことがわかります。しかしながら，その後は，廃業率が開業率を上回る年も多く企業数が減少してきました。近年再び，わずかながら開業率が廃業率を上回っていますが，盛んに開業が行われていると言えるほどの水準ではありません。

　この開業率・廃業率は，ともに欧米諸国と比べて低い傾向です（2021年版『中小企業白書』）。欧米諸国は開業も多いですが，事業が継続できず廃業も多い一方で，日本は開業率が低いがある程度の事業継続はできていると捉えられます。世界銀行が発表した2019年度版の「『ビジネス環境の現状』報告書」によると日本の開業のしやすさは世界の中でも順位が低く，そのことも開業率の低さの原因の1つと考えられます。

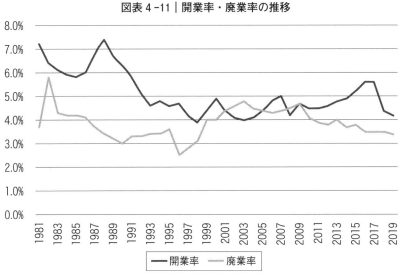

図表4-11｜開業率・廃業率の推移

出所：厚生労働省『雇用保険事業年報』各年度のデータをもとに作成

働き方のスタンダードはやはりサラリーマン

　企業に雇用されている労働者の数は，2019年には2002年の雇用者数の約115%と大きく増えています。企業が減っている中で雇用者数が増加していることは，1企業当たりの従業員数が増加していることを意味します。企業における雇用の集積度が高まってきていることがわかります。

　中小企業庁委託「起業・創業に対する意識，経験に関するアンケート調査」において，アンケート対象の約8割が起業に無関心であることがわかっています。起業に対するイメージとして「リスクが高い」,「所得・収入が不安定」という回答が多く選択されており，チャレンジしにくいものと捉えられています。起業に対して無関心な層は起業へのマイナスイメージが強く，**起業に興味を持つきっかけもないまま企業に雇用されることを選んでいる**状況です。また，日本は海外に比べ，リスクを負って行動することを嫌い，ある程度安定的な生活を望む人が多い傾向にあります。そういった国民性も，起業が選択肢に入りにくい理由でしょう。

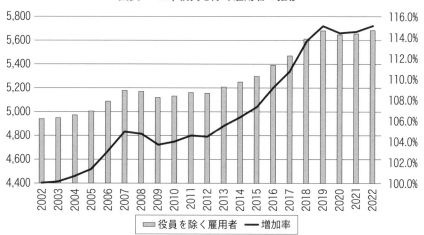

図表 4 -12 | 役員を除く雇用者の推移

注：役員を除く雇用者には，正規社員・非正規社員（パート，アルバイト等），契約社員，
　　嘱託社員等が含まれる。
出所：総務省統計局（2022）『労働力調査結果（長期時系列データ）』

まだまだ遠い働き方の多様化

　昨今，働き方の多様化がよく議論されますが，現在の日本において企業数は増えておらず，サラリーマンの数は増加傾向にあります。ビジネスパーソンにとって，主要な選択肢は独立・開業すること，フリーランスとして活躍すること，そしてサラリーマンとして雇用されることでしょう。前者の2つは輝かしく，また自由な生き方を想起させ注目度も高まっていますが，起業・開業にはリスクも伴うことから，実際に選択する人はさほど多くないようです。実際にキャリア選択の幅が広がるのはまだ先のことでしょう。

》》施策事例

事例1｜企業内副業・企業内起業

　企業内副業，企業内起業（企業内アントレプレナーシップ）を許容・促進する動きも一部では出てきています。主たる目的としては，イノベーションの創出や，人材の定着促進・有効活用です。社員にとっても，サラリーマンとしての身分や処遇の安定性は維持しつつ，持てるスキルを最大限に活かし，挑戦することができるメリットがあります。就業時間のうちの一部の時間を配属先の部署における業務以外の任意の研究等に充てることができる仕組みや，社内で新商品や新規事業の提案を活発に行える仕組みなどを整備し，実際に新会社設立や新商品・新ブランドのローンチに漕ぎつけている事例があります。人事制度の観点で，制度導入時のポイントとなるのは，**報酬の仕組みの明確化**，評価や労務管理の観点での**人事権のありかの明確化**です。

事例2｜企業による独立支援制度

　いわゆる「のれん分け」の制度は，飲食業や美容業など社員の独立志向が旺盛な業界を中心に，社員のモチベーションアップ，人材採用の円滑化，多店舗展開の推進などを目的として，**フランチャイズシステムを応用**した形で取り入れられています。「のれん分け」による独立というキャリアビジョンが示されることで将来的に独立を目指す社員のモチベーション向上や，独立志向を持つ人材が集まってくる効果があります。独立者の選定基準の明確化，社員が自らのキャリアを考える機会や経営について学ぶ機会を提供するなど，継続的に教育および動機づけを行っていく必要があります。本部と独立者がwin-winの関係を築くことができれば，自社の事業拡大に大きくつながる例です。

26

女性管理職割合
女性活躍推進への第一歩は意識改革と即実行

驚くほど少ない女性管理職

　社会における女性活躍を軽視している人はいないでしょう。さまざまな手で女性が活躍できるようにと努力がなされています。しかし，実際には女性の活躍，男女の雇用機会均等の実現は想像以上に厳しい道のりです。

　自社の女性活躍を測る重要な指標の1つとして，女性管理職割合があります。女性の活躍を促進するためには，自社で常にこの数値を把握する必要があります。日本全体では，管理職に占める女性の割合は緩やかな上昇トレンドにあります。しかし，上昇はしつつも割合は非常に低く，男女雇用機会均等が実現しているとは言い難いのが実情です。特に，実務の中心を担う部長，課長相当職の女性割合の低さが顕著です。これらから，いかに女性管理職が育成できていないかがわかると同時に，今後も短期的に改善するのは難しいと判断されます。

図表 4-13 | 企業規模30人以上における役職別女性管理職割合の推移

注：2011年度は岩手県，宮城県および福島県を除く全国の結果。
出所：厚生労働省『雇用均等基本調査』各年度のデータをもとに作成

役職別に見ると，最も比率の高い係長職で約20％弱，部長に至っては6.1％という極めて低い割合です。女性部長は20人に1人の割合ということになります。

育児をしない男性

　女性の活躍が進まない1つの理由として，出産・育児が挙げられます。育児休業を取れる労働環境が必須の上，いまだに男性は育児休業を取りづらい，取るべきではないという職場意識があるのではないかと推察します。育児休業取得率の推移データを見ると，女性は2007年度以降，80％を超える水準で推移していますが，男性は2017年度に5％を超え，そこからやや上昇，2021年度は14.0％となっています。依然として，男女での差が大きい状態が続いており，男性の育児休業取得が進んでいないことがわかります。

　また，この育児休業取得率を産業別に見ても，男女の差は明らかです。

　男性の取得率が最も高いのは金融業，保険業であり40％を超えていますが，女性の取得率との差は45％以上です。また，卸売業，小売業の男性取得率が最

図表 4 -14 | 育児休業取得率

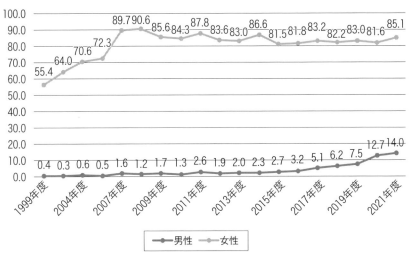

注：2010年度および2011年度の比率は，岩手県，宮城県および福島県を除く全国の結果。
出所：厚生労働省『雇用均等基本調査』各年度のデータをもとに作成

図表 4 -15 | 産業別育児休業取得率

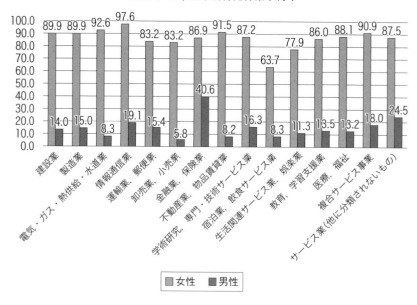

注：2018年10月 1 日～2019年 9 月30日に出産した者または配偶者が出産した者のうち，調査
　　時点（2020年10月 1 日）までに育児休業を開始した者（開始の予定の申出をしている者
　　を含む）の割合。
出所：厚生労働省（2021）『雇用均等基本調査』

も低く，5.8％という状況です。業種による人材流動性の高低や雇用環境，職種などさまざまな要因がありますが，男女の差がなく，かつ高い水準であることが理想でしょう。

女性管理職を増やすために

　労働力不足の中，多様な人材の活用が必須の現代で，女性が活躍できないことは大きな問題です。これを脱却するポイントは，男性・女性，既婚・未婚，子どもを持つ・持たないにかかわらず，優秀な人材の育成と登用，働く環境の整備をしていくことです。育児休業に限って言えば，まずは企業として**男女を問わず育児休業を取ること**や，**復帰後も活躍することはごく普通のことであるという意識改革**，そして**社員に子どもが生まれたら育児休業を勧めるような**，

即時実行が必須です。また，企業側の努力のみならず，働く側の意識改革と実行が重要です。男女の雇用機会均等は，**家事分担や育児分担がなされていることが前提**です。特に共働き世帯では，家事や育児について家庭でストレートに話し合い，育児をしながらも活躍できる，または活躍するという意識を持つことで道は拓けていくでしょう。誰もが平等に活躍できる社会の実現は，**意識改革からの実行**にあると言えます。

》》施策事例

事例1｜女性活用に対する意識改革

　男女の差別なく活用する意識を全社員に持たせる施策を打ちます。具体的には，男女雇用機会均等などの基本的な知識とスタンスの理解促進，現在の女性活用の状況の理解促進（女性管理職比率など），女性活用先進企業の紹介等を研修形式で全社員に実施します。

事例2｜管理職候補者選定のアセスメントの実施

　管理職への登用の候補者を上司の推薦で行っていました。実際には同じ総合職でも，女性には簡易な仕事を担当させたり，管理職登用の候補者として適任と思われる女性がいても他の男性候補者を推薦したりする傾向にありました。

　これは，女性を管理職に登用したのちに産休や育休などが発生することを回避するためでした。実際には，管理職候補として適任の女性社員は多くいるものの，男性社員を優先している状況です。性別にかかわらず管理職の候補を選定するために，**外部のアセスメントを実施し，客観的に管理職候補者の選定を行う**ように変更しました。これにより，以前に比べ女性管理職の登用が多くなりました。

事例3｜管理職養成のための研修の実施

　将来，管理職のキャリアを目指す社員に管理職養成の教育を実施しました。管理職を目指す社員が自ら志願するとともに，上司の推薦をもらい，管理職養成の研修に参加します。この研修は，初級の管理職能力を2年にわたり学習するもので，隔月1回計12回実施します。研修を受けると同時に，ディスカッションやケーススタディを通じ，管理職能力を見極めるものです。最後には，自分が目指す管理職像を役員にプレゼンテーションします。**長期にわたり男女を問わず研修機会を与え，能力を見極める施策**です。

27

単身赴任割合
意外と増えている単身赴任

企業と社員の成長を目的とした単身赴任

　単身赴任は，家族を家に残して勤務地に居住することです。生活拠点が変わることに加え，家庭を持つ社員にとっては，家族と離れて生活するわけですから，それなりの肉体的，精神的な負担が生じるため，すべての社員が進んで単身赴任を希望するとは限りません。特に共働きの家族については，単身赴任を望まない社員は増えていくでしょう。

　企業にとっては，単身赴任を有効活用することで，各拠点における必要人員を柔軟に充足させることにより，事業を円滑に推進することができます。また，顧客や競合など拠点による違いやそれに付随する人間関係を経験させることで，企業および社員を成長させていくことができます。いずれにしても大変有効な人事施策であり，金融機関においては不正を防ぐための人事ローテーションといった目的も存在しています。

　単身赴任の期間は，その目的などによって大きく異なりますが，一時的な課題の解決を目的とした半年ほどの短期間の場合もありますし，必要人員を充足させるための単身赴任が1年以上といった中長期間に及ぶ場合もあります。

増加傾向にある単身赴任

　ワークライフバランスが叫ばれる昨今において，単身赴任の割合は意外にも増加しています。過去の推移を見ると，単身赴任者の割合[1]は増加傾向にあり，1990年代後半から2017年までの間に約1.5倍となっています。男女別にみると，男性が女性の約3倍となっており，その割合が大きいのがわかります。ただし，いずれも増加傾向になります。共働き世帯の増加や親族の介護などの事情により，転勤の命を受けた場合であっても家族を帯同して赴任することが難しいケースが増えていることが影響していると言えるでしょう。

図表 4 -16 | 単身赴任割合の推移

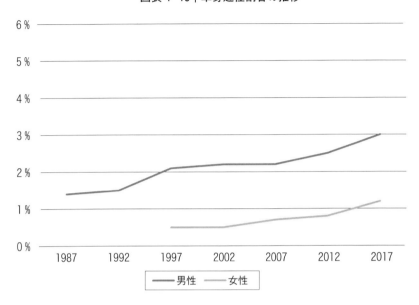

出所：独立行政法人労働政策研究・研修機構（2023）『ユースフル労働統計2022』（https://
　　　www.jil.go.jp/kokunai/statistics/kako/2022/documents/useful2022.pdf）をもとに作成

　単身赴任割合を年齢別に見ると，いずれの年齢においても増加傾向にありま
す。40代だけが横ばいとなっているのは，就職氷河期などの影響により労働者
自体が少なく，異動を命じる余地がない社員の割合が他の世代よりも高い可能
性があります。その他の各年代の中でも，1997年と比較して60代以上では２倍
近くと，特にシニア世代は大きく伸びています。高年齢者雇用安定法の改正に
よって，2006年以降の定年の引上げや再雇用による継続雇用制度の導入が企業
に義務化されたことが影響していると考えられます。再雇用時のポストの空き
具合等の都合による異動や，グループ会社への出向などに転勤が命じられる
ケースが考えられます。

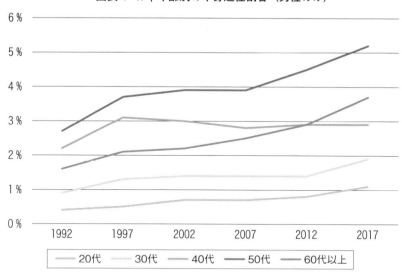

図表 4 -17 ｜ 年齢別の単身赴任割合（男性のみ）

出所：労働政策研究所・研修機構（2023）『ユースフル労働統計2022』（https://www.jil.
go.jp/kokunai/statistics/kako/2022/documents/useful2022.pdf）をもとに作成

メリハリのある勤務環境の提供が求められている

　単身赴任は，単身赴任者に顧客や競合他社などの拠点による違いや，新たな
環境での新たな人間関係を経験させることで，社員のさらなる成長を促すこと
ができます。この目的で行う単身赴任については，今後大きく減ることは考え
にくいでしょう。課題としては，単身赴任に際して支給する単身赴任手当です。
支給実態を見ると，支給金額が合理的な理由をもとに決められている会社は少
ないのが現状で，単身赴任に関する処遇の見直しが必要でしょう。

　また，一部企業では，コロナ禍におけるリモートワークの普及を受け，必要
人員の充足を目的とした単身赴任を解除する動きが増えていくと思われます。
人材不足が慢性化している現在，優秀な人材の採用や離職防止といった観点に
おいても，有効な手段となります。転勤や単身赴任の廃止を実現するために，
テレワークやサテライトオフィスの活用，新たな制度づくりなど大きな方向転
換をする企業も増えてくるでしょう。

● 注 ——

1　従業上の地位が雇用者である有業単身世帯数÷雇用者数により算出された割合を単身
　赴任割合とした。

≫≫ 施策事例

事例1｜単身赴任者の処遇の見直し

　全国展開をしており，本拠地から離れ，どうしても遠方へ単身赴任せざるを得ない
状況はあろうかと思います。たとえば，小売業などの，業務の内容からも現地で顧
客へのサービスを提供している業種などは，単身赴任せざるを得ないということです。
そういった場合は，赴任先の物価水準や他社の支給水準を調査し，**赴任先で不自由
のない生活ができるよう，処遇を定期的に見直し**ます。帰省旅費などの支給回数などを
増やし，**家族のもとへの帰省を容易にしてあげる**ことも有効です。また，精神的，肉
体的負担を考慮し，生活費以外に**手当を支給**し，**昇進，昇格要件に有意性を高める
制度**とするなど，キャリアや報酬面について安心感を与え，リテンションを図ることも
有効です。

事例2｜テレワーク率を向上させ，単身赴任を解消

　テレワークと出張で対応可能な社員を対象に，随時単身赴任を解消していきま
す。フレックス勤務の適用拡大，通勤定期券の廃止，テレワーク費用補助の支給な
ど，ライフスタイルに応じて**時間や場所をフレキシブルに活用できる働き方の実現**を
サポートします。

事例3｜会社都合による転居を伴う転勤制度を廃止

　「転居・転勤がない」，「単身赴任がない」，「社命転勤がない」制度を導入します。
社員は希望勤務エリア・都道府県を選択し，**そのエリア内のみで異動**します。その一
方で，社員および家族のライフステージの変化に伴い，別エリアへの異動を希望する
場合は，**社内公募制度**などを活用してエリアを変更できます。そして，キャリア設計に
おいて従来型の転勤制度を希望する社員は，それを選択することもできます。会社都
合ではない社員の意思に基づいた制度を導入，運用することで，優秀な社員の定着
やパフォーマンスの向上を目指します。

28

育休取得率
男性育休取得率の政府目標は2030年度85％

日本の男性の育休取得率は非常に低く，期間も短い

　育児休業（以下「育休」という）とは，育児をする労働者を時間的かつ金銭的に支援する制度です。企業には，男女の雇用機会均等の実現，少子化への対応などといった社会的責任があり，経営者，人事がその責任を強く認識して，社員が育休を取得しやすい職場づくり，制度設計を行う必要があります。日本の育休取得率は全体として非常に低い水準です。特に男性の育休取得率は他国に比べても著しく低く，女性の育休取得率85％に対し，男性はわずか14％弱です。

図表4-18｜育児休業取得率の推移

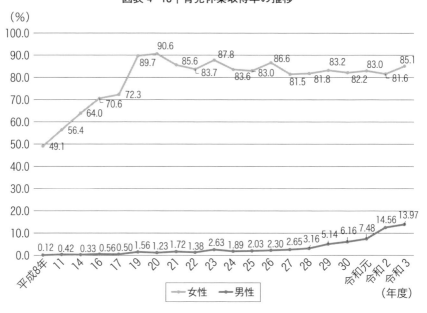

注：本調査は男女別に掲載されているグラフを，1つのグラフに統合している。
出所：厚生労働省『雇用均等基本調査』各年度のデータをもとに作成

図表4-19｜取得期間別育児休業後復職者割合

		育児休業後復職者計	5日未満	5日〜2週間未満	2週間〜1か月未満	1か月〜3か月未満	3か月〜6か月未満	6か月〜8か月未満	8か月〜10か月未満	10か月〜12か月未満	12か月〜18か月未満	18か月〜24か月未満	24か月〜36か月未満	36か月以上
女性	平成27年度	100.0	0.8	0.3	0.6	2.2	7.8	10.2	12.7	31.1	27.6	4.0	2.0	0.6
	平成30年度	100.0	0.5	0.3	0.1	2.8	7.0	8.8	10.9	31.3	29.8	4.8	3.3	0.5
	令和3年度	100.0	0.5	0.0	0.1	0.8	3.5	6.4	8.7	30.0	34.0	11.1	4.5	0.6
男性	平成27年度	100.0	56.9	17.8	8.4	12.1	1.6	0.2	0.7	0.1	2.0	0.0	-	-
	平成30年度	100.0	36.3	35.1	9.6	11.9	3.0	0.9	0.4	0.9	1.7	-	0.1	-
	令和3年度	100.0	25.0	26.5	13.2	24.5	5.1	1.9	1.1	1.4	0.9	0.0	0.2	-

注：「育児休業後復職者」は，調査前年度1年間に育児休業を終了し，復職した者をいう。
出所：厚生労働省『雇用均等基本調査』各年度のデータをもとに作成（単位：%）

しかも，数年前まではわずか2％程度という状況でした（**図表4-18**）。育児や家事の負担が女性に偏り少子化の要因になっている背景を踏まえて，政府は2025年までに男性の育休取得率を30%に上げる数値目標を掲げています。

　男性の育休取得率は増加傾向ではありますが，育休期間は極めて短いのが現状です。女性は半数が1年以上の育休期間を取得する一方で，男性は半数以上が2週間未満の期間しか取得していません。

体制や労使の認識の齟齬が育休取得の妨げになっている

　男性の育休取得および育休期間が女性と比較してまだ不十分である要因は，主に4つあると考えられます。「育休取得による代替要員の確保」，「業務の引継ぎ調整」，「育休取得による不利な処遇になる懸念」，「前例がない等の社内文化」です。1つ目と2つ目は「実際に抜けた『穴』を問題なく埋められるのか」についての懸念です。3つ目の要因は，会社と本人の間で認識の齟齬が生じていることです。会社としては，法律で認められた制度であり不利益な処遇をしてはならないと認識している一方で，本人にとっては“育休が昇格や昇給の妨げになるかもしれない”と懸念しており，両者間で**処遇に対する認識が一致していない可能性**が考えられます。

図表 4 -20｜男性社員の育児休業への懸念

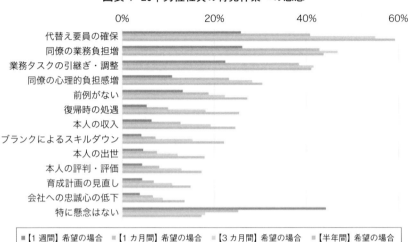

出所：サイボウズチームワーク総研 三宅雪子（2022）『男性育児休業期間の理想と現実，上司と取得希望者で大きなギャップ』

　4つ目の要因は，経営者から管理職，職場の同僚，部下のすべてが，育休取得に寛容であるかということです。育休を取得しづらい雰囲気を醸し出す，不公平感を漏らすなど，1人ひとりの言動が育休を取得することの躊躇につながります。

取得しやすい職場の雰囲気づくりが重要

　育休取得率を高めていくには少し時間がかかるかもしれません。担当者が不在でも業務が回る仕組みを構築していき，"あの人にしかわからない"といった業務の属人化を解消していく必要があります。たとえば，業務の棚卸，業務を改善，定型化することで，誰でも業務を担えるような環境にしていくことなどが考えられます。また，その仕事に見合った人材や報酬のレベル感を再定義できる機会にもつながり，社員のキャリア形成や教育機会の検討などにもつなげることができます。そして，育休の取得有無がキャリア形成において不公平な状況を生み出すことがないように，**配慮ある公平な制度づくり**が必要です。そのためには，企業がすべての従業員にその**趣旨を理解**してもらい，**育休を取**

得しやすい職場の雰囲気づくりを進めていくなど，粘り強く取り組んでいく必要があります。

>>> 施策事例

事例1 | 男性育休取得推進プロジェクトを発足

　男性が育休を取得するにあたり障害となる理由としては，企業の業務の特性や文化面などさまざまなものが考えられますので，現在の育休が取りづらい背景や理由についてアンケート調査をします。経営側の現状の課題認識の共有と改善に向けた宣言，管理職への意識改革の徹底を目的として研修を実施します。また，アンケート結果からわかった収入面の不安の解消を図るため，制度の理解を進めるセミナーの開催，実際に取得した際の収入のシミュレーションツールの提供，取得計画の策定などを経て，男性の育休取得率の大幅な改善を目指します。

事例2 | 中長期的なキャリア形成が支援できる職場の風土と環境の提供

　育休を取得することで，昇格の遅延などが発生し，キャリアの形成が中断することがないよう，中長期的な観点から支援ができる職場の風土づくりと，継続的に就業がなされる環境の整備を進めることが重要です。まずは育休の最中においてもスキルのアップデートが継続的に実現できる学習環境を提供していくことが有効です。また，復帰にあたっては業務の指導，サポートをしていく上司の意識の醸成も重要になります。そして，復帰後，時短での勤務を余儀なくされる状況も十分に考えられます。労働時間に見合った業務量ならびに役割に見合う業務内容の配分を進め，職場全体での業務の見直しと効率化の推進を行っていく必要があります。なお，サポートなどで貢献した従業員に適切な評価をしてあげることも職場の風土づくりをしていくといった面において有効です。

29

有給休暇取得率
有給休暇の取得推移と産業別での比較

日本の有給休暇取得

　日本の年次有給休暇の取得率は低いと言われてきました。労働者の心身のリフレッシュを図ることを目的とした有給休暇ですが，旧来の日本の働き方や意識から，有給休暇取得の申請をすることへのためらいが蔓延し，取得率は低調であるとされています。そのような現状の中で，2019年より働き方改革の一環として，年に5日の有給休暇を取得させることが経営者の義務となりました。有給休暇取得の現状と労働時間，その課題はどういったものでしょうか。

まだまだ目標には遠い有給休暇取得率

　労働者1人当たりの平均年次有給休暇取得率の推移を見ると，ここ数年やや上昇傾向です。政府は2025年までに有給休暇の取得率を70％までにするという目標を掲げていますが，現在はまだそこまでには及んでおらず，「有給休暇が取りやすい」とは言い難い状況なのではないでしょうか。このまま取得率を上げていくためには，各企業において有給休暇取得の促進を図っていくことが必須です。

　では，労働時間はどうでしょうか。総実労働時間・所定内労働時間・所定外労働時間の推移を見ると，2018年までは横ばいが続きましたが，コロナ禍の影響による労働時間の抑制も影響してか，2020年は総実労働時間・所定内労働時間・所定外労働時間のすべてが減少しました。コロナ禍は労働時間の抑制に良い意味でも悪い意味でも影響を与えたと言えます。

図表 4 -21｜有給休暇取得率と労働時間の推移

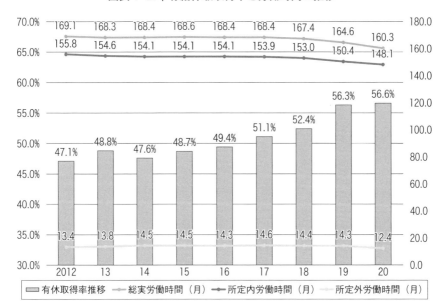

※労働時間：労働者が実際に労働した時間数。休憩時間は給与支給の有無にかかわらず除かれる。有給休暇取得分も除かれる。
出所：厚生労働省（2021）『令和3年就労条件総合調査』，厚生労働省（2021）『令和3年版労働経済の分析　－新型コロナウイルス感染症が雇用・労働に及ぼした影響－』をもとに作成

有給休暇が取りやすい産業，取りにくい産業

　図表 4 -22を見ると，産業別の有給休暇取得率に差があることがわかります。特に，電気・ガス・熱供給・水道業のインフラ関連については73.3％と高水準です。一方，卸売業，小売業や宿泊業，飲食サービス業などは50％を切っており，有給休暇の取得がしづらい現状が見て取れます。サービス業の近年の人材不足は深刻な状況であり，不特定多数の一般顧客がメインの顧客である産業ですが，店舗などの定休日がなく，ほぼ毎日営業が必要で確実に人員が必要という業態から，有休取得を取りたくとも現実的に取れない，または取りづらい風土となっていると考えられます。求職者においても，会社の選択をする際の条

図表 4 -22｜産業別労働者 1 人平均有給休暇取得率

産業	取得率
鉱業，採石業，砂利採取業	63.9%
建設業	53.2%
製造業	61.6%
電気・ガス・熱供給・水道業	73.3%
情報通信業	65.1%
運輸業，郵便業	55.1%
卸売業，小売業	48.6%
金融業，保険業	57.3%
不動産業，物品賃貸業	58.3%
学術研究，専門・技術サービス業	58.3%
宿泊業，飲食サービス業	45.0%
生活関連サービス業，娯楽業	51.9%
教育，学習支援業	48.6%
医療，福祉	58.0%
複合サービス事業	47.4%
サービス業（他に分類されないもの）	58.5%

出所：厚生労働省（2021）『令和 3 年就労条件総合調査』

件としてプライベートとの両立という面は考慮する部分であり，休暇が取りづらいという状況は応募を躊躇する原因となる可能性があります。

有給休暇取得を促進するために

　有給休暇の取得は労働者の権利です。社会の変化を契機に，労働者の意識の変化も起こりました。仕事とプライベートの両立ができる労働時間や休暇の取得は労働者にとって非常に重要なポイントになっています。道半ばの有給休暇取得率や労働時間の抑制がどのように推移していくかは，各企業の今後の取組みにかかっています。まずは，有給休暇を取ることを申し訳ないと感じることなく，**必要に応じて気兼ねなく申請ができる職場の雰囲気の醸成**が必要です。そして，有給休暇で休む人がいたとしても**業務が滞らない体制を構築**していくことが必要です。労働力の確保が難しくなっていく現状から属人化している業務について，誰でも効率的に業務遂行ができるよう**業務の標準化やマニュアル化，ITの活用**等，業務全体を見通した継続的な改善活動が有効です。社員が柔軟に時間を使える環境を整え，労働生産性の向上や社員の満足度を向上させる風土と体制づくりを実現し，**本当の働き方改革を実行**していくことが求められています。

》》》施策事例

事例1│現場の声を反映したトップダウン式の改革

　組織で働く場合，他の人が働いているのに自分だけ休んで迷惑をかけないだろうか と引け目を感じて有給休暇取得をためらうことが多いものと思われますが，組織のトッ プが「休むことは悪ではない」というメッセージを社員に発信し続けることでその雰囲 気を変えることができます。現場で働く社員に対し働き方について都度アンケートを実 施し，その結果に基づいた休暇制度を**スピード感を持って作り**，**トップや上司も進ん で制度を活用する**といった例があります。社員からは自分たちの声が反映されており上 司が休暇を取っていることから「休みを取ることは当たり前」という雰囲気が醸成され て非常に働きやすいという声が上がっています。

事例2│業務のマニュアル化，マルチスキル化，DX化による業務量の削減

　社員のマルチスキル化を行い，誰が休んでもカバーできる状態を作り，業務のマニュ アル化を推進し，業務の平準化を行うことで，一部の人の経験に頼っていた業務を削 減し，属人化した休暇を取りづらい状態を緩和する例があります。マルチスキル化は **目標シートの項目として明確化させ**，**各部署内で定期的に役割を入れ替える**ことでカ バーができるようにします。また，業務のマニュアル化が進んだ先に**DXを推進**し，従 業員の時間を他の業務に回すことで人材不足の解消の一助にする例もあります。ホテ ルのフロント受付業務を人ではなく機械に置き換える，小売店でのセルフレジの導入， 介護医療現場でのカルテや報告書を電子化することで業務量の削減を行い，責任感 から自分ではないとできないと思い込んでいる業務を**他者や機械にもできるようにす る**ことで分担でき，**休暇を取得しやすい精神状態や環境**を作ります。

人的資本に関する主要データ

　これまでは「人的資源」という言葉が多く使われていました。最近では，人材を資本と認識して，「人的資本」を充実させることが重要となってきており，人材の育成や働く環境の整備を検討する企業が増えています。多くの日本企業は，社員に対して十分な教育を行ってこなかったため，社員の保有する知識スキルが想定よりも高くないというケースが少なからずあると考えられます。人事制度の中では職種別や等級別に人材要件，人材像などが記述されており，人材要件を十分に満たしている社員は企業の成長や安定性に大きく寄与していると言えます。

　この問題には 2 つの側面があります。1 つは，企業側が求める人材像を，経営計画・経営戦略と連動して定義できていないという現実があります。経営戦略・経営計画が変われば当然必要な人員数も変わりますし，必要な能力スキルも変わります。特に環境変化が激しい企業や成長している企業では，毎年人事制度を変えるぐらいの連動性がなければ，せっかくの「人的資本」が充実したものになりません。今後，日本の多くの企業が成長していくためには，必要な能力や知識を持った社員であるかどうかを，定期的に測定することが重要になります。さらに，今後の成長の重要な分野であるAI，ICT技術者の育成は急務です。国として情報技術者の育成を推進していくということは必要な施策であると考えますが，企業側も，今後は技術的な知識のある社員を育成しなければならないでしょう。また，「人的資本」を良い状態に保つためには，心身の健康に対する配慮が必要になります。最近ではハラスメント，長時間労働などにより，心身の健康を損なう社員が増加しています。大企業ではだいぶ整備されたと言われていますが，中堅・中小企業ではハラスメントや長時間労働の状況はあまり大きく変わっていないと考えられます。

　第 5 章では，「人的資本」を維持・成長させていくために，教育・ICTリテラシー，心身の健康についての重要な指標を掲載しています。

30

健康寿命
シニアの活躍こそ日本の成長につながる

70歳を過ぎても健康に生きられる

　一昔前までは60歳で定年退職し，退職金をもらいその後の余生はゆっくり過ごしたいと思っていた方も多かったのではないでしょうか。**高年齢者雇用安定法**が2021年に改定され，**70歳までの就業確保措置**を講じることが企業の「努力義務」となりました。今後，働き続けるためには本人にとっても，そして企業にとっても健康であることが前提です。本項では健康寿命について解説していきます。

　図表5-1は平均年齢と健康寿命の推移を示しています。「健康な人」とは，全国から無作為抽出された国民を対象に「あなたは現在，健康上の問題で日常生活に何か影響がありますか」という質問に対して「ない」と回答した人です。

　健康年齢を男女別で時系列に推移を見ると，男性は2001年に69.4歳でしたが，

図表5-1｜日本の男女の平均寿命と健康寿命の推移

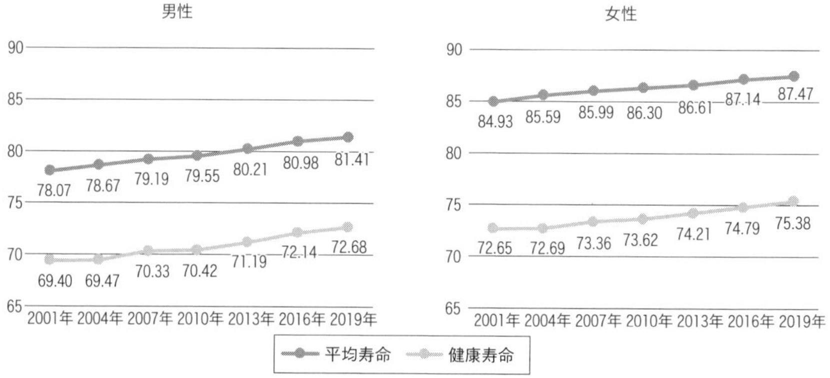

男性

78.07	78.67	79.19	79.55	80.21	80.98	81.41
69.40	69.47	70.33	70.42	71.19	72.14	72.68

2001年 2004年 2007年 2010年 2013年 2016年 2019年

女性

84.93	85.59	85.99	86.30	86.61	87.14	87.47
72.65	72.69	73.36	73.62	74.21	74.79	75.38

2001年 2004年 2007年 2010年 2013年 2016年 2019年

平均寿命　健康寿命

出所：平均寿命については，2010年につき厚生労働省（2022）『第23回完全生命表』，他の年につき厚生労働省（2022）『令和4年簡易生命表』，健康寿命については厚生労働省（2022）『令和4年簡易生命表』，厚生労働省（2022）『人口動態統計』，厚生労働省（2022）『国民生活基礎調査』，総務省統計局（2020）『人口推計』をもとに作成

2019年には72.68歳に上昇，そして女性は2001年には72.65歳でしたが，2019年には75.38歳と75歳を超えています。また，男女の差は，女性のほうが健康寿命が長い傾向は変わらないものの，2001年に男女で3.25歳あった差が，現在2.5歳とその差が縮小しています。平均年齢と健康寿命ともに上昇傾向にあり，平均年齢と健康寿命の経年の差に大きな変化はみられませんが，健康寿命に男性は約9歳，女性は約12歳を加えた年齢が平均寿命で推移しています。このままの傾斜で推移すると，2030年の健康寿命は男性が約74歳，女性は約76歳となり，その差が縮まっていくことが予測されます。

健康先進国日本

　図表5-2は，WHOが発表した2022年版の世界保健統計（World Health Statistics）による，各国の男女平均の健康寿命です。最も長い国は男女ともに日本で，トップ3は日本，シンガポール，韓国とアジアの国が，それ以外では欧州の国が多くランクインしています。世界全体の健康寿命は平均63.7歳で，そのうち男性が62.5歳，女性が64.9歳となっており，日本は平均から10歳以上も健康寿命が長く，長期にわたり労働力として社会で活躍できる人材が多いことを意味し，健康先進国と言えます。

図表5-2 ｜ 各国の健康寿命ランキング（2019年）

順位	国名・地域名	男女平均（歳）	順位	国名・地域名	男平均（歳）	順位	国名・地域名	女平均（歳）
世界全体平均		63.7	世界全体平均		62.5	世界全体平均		64.9
1	日本	74.1	1	日本	72.6	1	日本	75.5
2	シンガポール	73.6	2	シンガポール	72.4	2	韓国	74.7
3	韓国	73.1	3	スイス	72.2	3	シンガポール	74.7
4	スイス	72.5	4	イスラエル	72.0	4	フランス	73.1
5	キプロス	72.4	5	キプロス	72.0	5	キプロス	73.0
5	イスラエル	72.4	6	アイスランド	71.7	6	スペイン	72.9
7	フランス	72.1	6	スウェーデン	71.7	7	スイス	72.8
7	スペイン	72.1	8	オランダ	71.3	8	イスラエル	72.7
9	アイスランド	72.0	8	韓国	71.3	9	イタリア	72.6
10	イタリア	71.9	8	スペイン	71.3	10	スロベニア	72.5

出所：WHO（2022）『世界保健統計2022年版』に掲載されている健康寿命統計

高齢化社会の課題

　一方で，世界の高齢化は進展しています。2020年には世界の総人口に占める65歳以上の者の割合（高齢化率）は9.3％で，今後も先進国はもとより，開発途上地域においても高齢化は進展すると見込まれています。日本では2022年の推計では65歳以上の高齢者人口は29.1％と世界で最も高い高齢化率であり，深刻な問題となっているのは言うまでもありません。

　すべての高齢者が健康で現役世代と同様に生活できるのであれば問題はありませんが，それは不可能です。高齢者が多くなることは労働力の不足からの成長力の低下を引き起こし，豊かさの低下につながります。また，社会保障制度の問題や，医療崩壊の懸念など問題は山積しています。

期待されるシニア人材活用

　日本では労働生産性の低さ，競争力の低下，労働力不足などが課題となっています。健康で長く活躍していくことは，労働力不足の解消にも直結することから，今後シニア人材の活用，活躍が期待されています。社会保障の財源の問題の解決，そして何より豊かな生活をするために働き続けなければならない個々人の事情もあります。

　企業においては，シニア人材が活躍できる基盤の整備が遅れています。シニア人材は現役を引退し，活用が難しい再雇用者ということではありません。改めてシニア人材に対して**求められる役割**，**スキルセットを明確にし**，**必要な教育を講じる**ことで，配置の柔軟さを高め，シニア人材にとっても残りのキャリアを充実した時間としていくことが求められています。

⟩⟩⟩ 施策事例

事例1│シニア社員の活躍の場の明確化

　シニア社員活躍のための取組みとして，モチベーションが下がらないように注意するということがあります。同様の業務範囲や職責，職場配置の有無など処遇が定年前と同じにもかかわらず賃金や待遇が下がる，スキルに見合った待遇ではないという処遇面の不満は，モチベーションの低下につながります。ある企業では，シニア社員に対してコースを設け，活躍の場を明確にすることで，シニア社員のモチベーションの維持につなげています。後進の指導教育に特化した「メンター」としてのコースや，1プレイヤーとして引き続き活躍するコース，組織長であったが後任が見つからない場合は**引き続き組織長として勤めるコース**といったように，役割によるコースを設けます。これは自分の働き方や役割，期待を理解してもらうことでシニア社員の活躍につながっていると言えます。

事例2│リスキリング支援

　長く働くためには，企業から必要とされ続けるように職務能力を研鑽し続ける必要があります。ある程度業務が習熟した中堅のうちに学ぶ機会を持つことが，変化の激しい社会の中で**先々シニアになった際にも活躍できるスキルづくり**につながります。また，教育や能力開発を受ける機会をシニア社員に提供することで，個人の自己肯定感や尊厳，充実感を高めることにつながり，良いパフォーマンスにつながるということもあります。

事例3│副業による柔軟な働き方の推進

　副業には，個人にとっては**働き方を柔軟に選択でき，スキルを活かせる場が多く得られる**というメリットがあります。また，企業にとっては，**副業を通じた社員のスキルアップ**や，**副業している社員から新たな情報やつながりを得られる**可能性があります。シニア社員においても，副業によって収入の補填ができるだけではなく自身のスキルを活かすことでよりいきいきと働くことができます。また，企業側にとっては，副業を受け入れる立場として優秀なシニア人材を採用することができ，人材不足の解消の一助となります。

31

DX関連統計
IMD世界デジタル競争力ランキングから考える日本企業の課題

デジタル競争力後進国

　近年，日本ではDX（デジタルトランスフォーメーション）について試行錯誤がなされていますが，まだまだ課題が多いのはご承知のとおりだと思います。海外と比べ，日本はIT・DXについては遅れていると言われています。スイスに拠点を置くビジネススクールIMD（International Institute for Management Development：国際経営開発研究所）が発表した，IMD世界デジタル競争力ランキング2021によると，日本は全64カ国中28位であり，これは**過去最低**です。

図表 5-3 ｜ IMD世界デジタル競争力ランキング

ランク	国	ランク	国
1	アメリカ	16	オーストリア
2	香港	17	イスラエル
3	スウェーデン	18	ドイツ
4	デンマーク	19	アイルランド
5	シンガポール	20	オーストラリア
6	スイス	21	アイスランド
7	オランダ	22	ルクセンブルク
8	台湾	23	ニュージーランド
9	ノルウェー	24	フランス
10	アラブ首長国連邦	25	エストニア
11	フィンランド	26	ベルギー
12	韓国	27	マレーシア
13	カナダ	28	日本
14	イギリス	29	カタール
15	中国	30	リトアニア

出所：IMD（2021）"IMD World Digital Competitiveness Ranking"

競争力ランキングの人事的要因

　このランキングは，デジタル競争力に影響を与える要因を「知識」，「技術」，「将来への備え」の3つに分類し，各要因に関する52の基準・指標に基づいて算出されています。人事領域にかかわりが深い「知識」にフォーカスすると，日本においては特に，国際経験が最下位の64位，デジタル/技術スキル（デジタルスキルを持った人材の割合）は62位で「弱み」と言えます。逆に教育評価，生徒・教師の比率，R&Dへの公的支出といった教育研究面の整備については他国と比較して上位に位置していますが，これが各企業のDX推進につながっていると言えるでしょうか。

　DX推進のためには，このランキングを各企業が自社のこととして，「最新のデジタル技術スキルを習得できるよう育成しているか」，「海外経験を踏ませているか」，「外国人技術者を採用しているか」など，推進に向けた自社の人事領域の把握を早急に進めなくてはなりません。

図表5-4 ｜ IMD世界デジタル競争力ランキング 要因と基準指標

要因	基準・指標					
	人材	順位	**トレーニング・教育**	順位	**科学に対する重点的な取組**	順位
知識	教育評価（PISA－数学）	5	社員教育	27	R&Dへの公的支出	5
	国際経験	64	教員への公的支出	57	R&D人材数（一人当たり）	20
	外国人高度技術者	49	高等教育の成果	8	女性の研究員	55
	都市管理	15	生徒・教師の比率	1	R&Dの生産数（論文数）	14
	デジタル/技術スキル	62	理系の卒業生	44	科学技術関連の雇用者	40
	留学生	26	学位取得の女性	6	ハイテク関連特許	5
					教育・R&D用ロボット	4
	規制枠組み	順位	**資本**	順位	**技術枠組み**	順位
技術	起業	44	IT&メディアの株式時価総額	10	通信技術	37
	契約の執行	36	技術開発の資金調達	36	モバイルブロードバンド加入者	11
	移民法	62	銀行・金融サービス	36	無線ブロードバンド加入者	2
	技術の規制	49	国の信用格付	28	インターネットユーザー	14
	科学研究に関する法	47	ベンチャー資本	36	インターネットの速度	17
	知的財産権	27	情報通信への投資	53	ハイテク輸出	24
	適応度	順位	**ビジネスの俊敏性**	順位	**IT統合**	順位
将来への備え	行政への電子参加	4	機会と脅威	62	電子政府	14
	インターネット小売	15	世界のロボット分布	2	PPP（官民連携）	42
	タブレット所持	24	企業の俊敏性	64	サイバーセキュリティ	44
	スマートフォン所持	21	ビックデータの分析と活用	63	ソフトウェア著作権侵害	2
	グローバル化への態度	46	知識移転	40		
			起業家の失敗の恐れ	33		

出所：IMD（2021）"IMD World Digital Competitiveness Ranking"

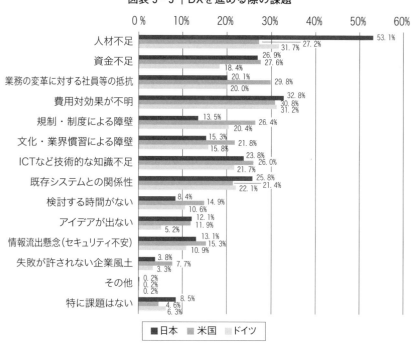

図表 5-5 ｜ DXを進める際の課題

出所：総務省（委託先：情報通信総合研究所）（2021）『デジタル・トランスフォーメーショ
ンによる経済へのインパクトに関する調査研究』（https://www.soumu.go.jp/
johotsusintokei/linkdata/r03_02_houkoku.pdf）

　実際に企業はDX推進の課題をどう捉えているのかを見ると，日本では人材
不足が過半数を超えており，アメリカ，ドイツと比べても圧倒的に多い状況で
す。やはり人材不足の問題は深刻なようです。

変革リーダーとしてのDX人材

　一括りに「人材」と言っても，具体的にはどのような人材が必要なのでしょ
うか？　**図表 5-6** のアンケート結果によると「変革リーダー」，「業務プロセ
ス改革を牽引できるビジネスパーソン」，「ビジネスデザイナー」が上位であり，
技術者よりもDXを主導し，デジタル技術を事業に活用できる発想を持つ人材
の必要性がここに見えます。

　デジタルをどう事業に活かすかという知識と経験を持ち，革新的な発想がで

図表5-6｜With/アフターコロナ時代に生き残るため，貴社がDX領域で採用・育成を強化すべき人材像

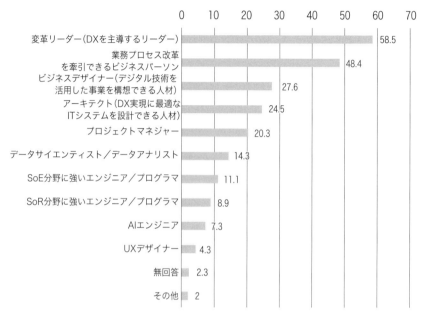

出所：日経BP総合研究所イノベーションICTラボ（2022）『DXサーベイ2 withコロナ時代の実態と課題分析』

きる人材は肝であり，大きな採用・育成課題ということです。

今後のDXの推進のために

　今後のビジネスモデル構築は，デジタル技術活用，DXありきとなってくるでしょう。それはアナログデータや業務工程のデジタル化だけではなく，デジタル活用による新たな価値創造のことです。自社がDXによって社会にどのような変革を起こせるのか，そこにはどのような人材が必要となるのかを明確にし，固定概念を打ち砕き，システム部門のみならず全社的に新たな発想ができる人材の育成や，大胆な人材採用を推進していく必要があります。

》》施策事例

事例1 | DX人材の社外からの招聘

　今後のビジネスモデルは，DX技術に基づく仕組みが必要となると予想されます。自社のシステム部門は，実務処理を中心とした一部システムの開発と運用を行っており，DXについては十分な知識，経験，知見がありません。そのため，ビジネスリーダーたるDX人材を外部から招聘することとしました。日本ではDX人材の供給人数が少なく，年収も非常に高額になっています。これに対応するために"**特別専門職**"という新たな職種を設け，比較的自由に年収を決定できる仕組みを導入しました。これにより，今までの給与水準に則ることなくDX人材を採用できることとなりました。

事例2 | システム部門の強化

　多くの企業では，自社で業務の効率化を目的としたシステムの設計・運用を行っています。しかし，今後は他社との競合優位性を維持したり，新しいビジネスチャンスを作ったりするために，システム部門は，経営企画的要素を持つと同時に，DXに関する知識，スキルも要求されることになります。ある企業では，システム部門約50名のうち**10名の社員を選抜し，経営企画，DXの研修を集中的**に行いました。自社で情報システム部門を強化した事例です。

労働紛争相談件数
急増するパワハラ相談

増加する労働紛争

　近年，パワハラやセクハラなど，職場でのトラブルに関する話題をよく耳にするようになってきました。民事上の個別労働紛争相談件数とその内訳のデータをもとに，労働者と事業者間でのトラブルの内容や傾向について解説します。民事上の個別労働紛争相談とは，個々の労働者と事業者との間の労働問題についての相談のうち，労働基準法違反などに関わる事案を除いたものです。**図表5-7**からわかるように，民事上の個別労働紛争相談件数は増加傾向にあり，2019年度には過去最高の約28万件に達しています。2001年の個別労働紛争解決制度導入以降，右肩上がりに増加していた相談件数は，リーマンショックが起きた2008年度に急増し，さらに増加した現時点では2002年の件数の約3倍になっています。

図表5-7 ｜ 民事上の個別労働紛争相談件数

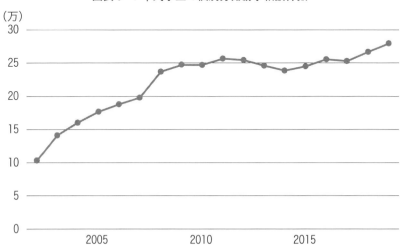

出所：厚生労働省（2020）『令和元年度個別労働紛争解決制度の施行状況』

相談内訳の変化

　近年では相談内容が大きく変化しています。2008年度までは解雇についての相談件数が最も多かったものの，その後は減少傾向です。一方，雇止めに関する相談が2008年以降増加している背景には，2000年代前半の人材派遣の規制緩和，リーマンショックによる雇止めの増加，その後の人材派遣の規制強化という一連の変化があります。不況下では解雇や雇止めに対する相談が多かったのですが，直近10年では自己都合退職に関する相談が増えてきています。このことは人手不足の状況とも関係があると考えられます。

　そして，直近8年間は，いじめ・嫌がらせの割合が最も高くなっています。背景としては，厚生労働省がハラスメント防止対策の報告書をまとめ，法整備への議論を進めてきたことなどにより，ハラスメントに対する意識が高まり，問題が顕在化したことが考えられます。

図表5-8 ｜ 相談内容別　相談件数の推移

注：1回の相談において複数の内容にまたがる相談が行われた場合には，複数の相談内容を件数として計上しているため，図表5-7の件数と整合しない。
出所：厚生労働省（2019）『令和元年度個別労働紛争解決制度施行状況』

労働紛争を起こさないために

　相談件数が増加傾向にあることから，労働者に対して相談制度が浸透していることがわかります。また，年度別に相談内容の内訳を見ると，景気や労働市場の状況，法整備・改正の影響を大きく受けていると言えるでしょう。2020年6月にはパワハラ防止法[1]が施行され，労働者のハラスメントに対する感度はさらに高まることが予想されます。企業の事業運営に支障をきたさないためにも，これまで以上に**法改正や時代の変化による労働者の要請を俊敏に察知**し，**未然にトラブルを防ぐための措置を講じる必要があります。**

》》施策事例

事例1｜コンプライアンス研修の実施

　すでに多くの企業で実施されていますが，主に経営陣・管理職に対して**労働管理に関する法律や諸注意事項などを研修形式で実施**することが重要です。オンライン研修を受講させ，その後テストを行い，内容の理解を促進する例もあります。内容としては知っておくべき労働法の知識，各種ハラスメントに関する知識が主たるものです。これらの研修を一般の社員に対して行う企業もあります。

事例2｜相談窓口の設置

　労働紛争が発生しないように，労働に関する相談の窓口を人事部とは別に設置する企業も散見されます。「社員相談室」，「ハラスメント対策室」などの名称で設置し，社員からの労働に関する各種相談を受け，問題となる事例に関しては，関係者に対し注意，指導，処分を行う組織として設置しています。

● 注

1　労働施策の総合的な推進並びに労働者の雇用の安定及び職業生活の充実等に関する法律。

33

メンタルヘルス・心の病
心の病が最も多い世代とストレスの内容

広がるメンタルヘルス問題・心の病

　近年，職場における若者のメンタルヘルス対策が話題に上がることが多くなっています。企業に対する調査の結果によると，実際に心の病を抱える従業員が最も多い年代として10～20代を挙げている企業が増加傾向にあります。多くの企業経営者や人事担当者の方々が口にする「若者のメンタルヘルスの問題が増えてきている」との感覚は実態に合っていると言えます。

　過去に目を向けると，2000年代前半には心の病が最も多い年代としては30代が突出していました。30代は職場・プライベートともに変化が多く，また心身にかかる負荷が大きく，心の病を抱えがちな年代であったのです。具体的には，職場では「働き盛り」，「管理職（候補）」と期待され，質・量ともに業務上の負担がかかりがちな世代であると同時に，結婚や育児，場合によっては両親の扶養や介護が始まるなど，プライベートにおいても変化が多い世代であることが推察されます。その後，2019年時点では，50代以上を除き，10～40代がほぼ同水準となっています。10～20代については過去からの増加率が高いため若年層のメンタルヘルスに対する問題意識を特に抱きがちですが，年齢による差がなくなってきているというのが現状です。

　年齢差がなくなってきた要因は複数考えられますが，職場において年功的要素が徐々に薄まってきたことや，生産性向上への強い要請を背景に，即戦力志向が強まってきていることも一因でしょう。従来，一定程度の年数をかけて育成された30代の従業員に対して期待してきた役割や負荷が，前後の年代に対しても広がっていると考えられます。また，ライフスタイル・ライフプランに対する価値観の多様化も進み，プライベートで抱えるストレスについても年代差が少なくなってきているのではないでしょうか。

図表 5 - 9 ｜ 心の病の最も多い年代

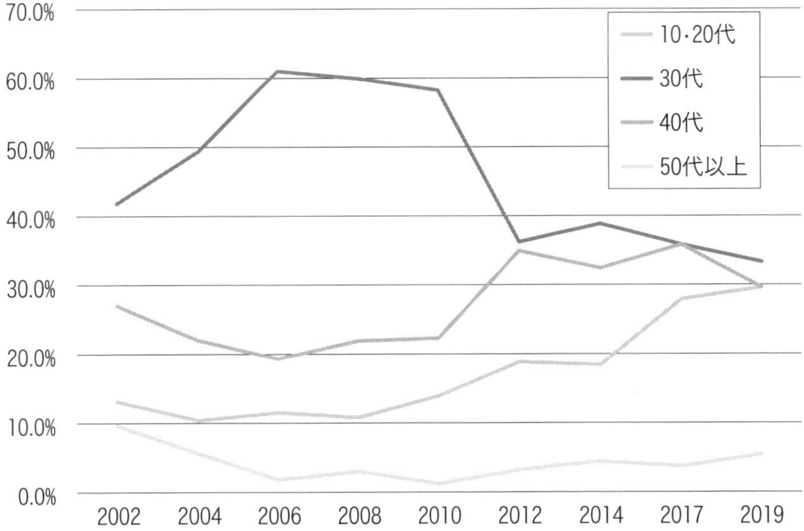

出所：日本生産性本部（2019）『第 9 回「メンタルヘルスの取り組み」に関する企業アンケート調査結果』（https://www.jpc-net.jp/research/assets/pdf/R 4 attached.pdf）

ストレスの原因

　いずれの年代においても最も多いのは「**仕事の質・量**」に対するストレスです。労働者として職業生活を送る上で致し方ない部分もあるとは考えられますが，企業には，長時間労働の防止等によるワークライフバランスへの考慮と生産性向上施策等を講じることが求められます。その次に多いのは「仕事の失敗・責任の発生等」であり，「仕事の質・量」に続いて仕事そのものに関する項目が挙げられています。続いて「対人関係」，「役割・地位の変化等」が挙げられています。仕事そのものに対するストレスと，職場というコミュニティの中での立ち位置や他者との相対的な関係性の中で引き起こされるストレスが，職業上のストレスのうちの大部分を占めていることがわかります。この傾向には年代による差はほとんど見受けられません。

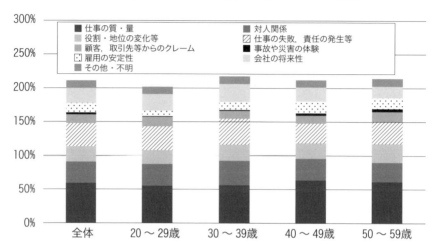

図表 5 -10 ┃ 仕事や職業生活に関する強いストレスの内容

注：1人3つまでの選択式であるため最大値は300％である。
出所：厚生労働省（2018）『平成30年 労働安全衛生調査（実態調査） 結果の概況』をもと
　　　に作成

メンタルヘルス・心の病に対する施策

　企業としてはこのメンタルヘルス・心の病に対する施策は極めて重要である
と同時に急務です。できる限りストレスを低減することを企業の雇用責任とし
て再認識しなければなりません。これに対する対策は多岐にわたります。まず
ワークライフバランスを維持し長時間労働などがない状況にするために組織・
業務の見直し，情報システムの徹底した活用，必要な知識，スキルの教育の実
施，上司の効率的な指示とフォロー等が必要となります。これらを実施しても
ストレスが多くなる社員が発生する可能性はあります。そのため，今後も引き
続き継続的なストレスチェックを実施し，従業員のストレス状態を把握・観察
し続ける必要があります。

⟫⟫ 施策事例

事例1│雇用のポートフォリオの見直し

　今まではほぼ全員を正社員として採用してきた企業がありました。この企業では全員が正社員であるため，業務の繁閑に応じた柔軟な人員体制をとることが難しい状況でした。この企業は製造業で，忙しいときは管理部門の社員も応援として製造業務を行うことがあり，本来の管理業務に製造業務が加わることによって，極めて長時間の労働時間となっており，メンタルヘルス問題を抱える社員が増加傾向にありました。逆に，忙しくない時期については人員が余剰気味でした。このように，固定的な雇用では柔軟な体制を構築することができず，社員のワークライフバランスを守ることが不可能です。そこで，全員正社員の方針から非正規社員，派遣社員，外注の徹底した活用を行うことで，**繁閑に合わせた柔軟な体制**をとることにしました。**正社員は事務的な作業や簡便な作業は行わず，企画や管理，営業に専念**できることになり，会社の業績も向上しました。今までのメンタルヘルス・心の病にかかっている社員の比率は約半分となりました。

事例2│メンタルヘルス・心の病に関する徹底した研修と調査

　ある情報システム会社で，社員のメンタルヘルス・心の病の問題が極めて深刻になっていました。アンケート調査によると，この原因は主に**上司の業務の指示が曖昧**であること，**上司の部下に対するストレスケアに関する知識が少ない**ことが主要なものでした。これを解消するために，まずは管理職以上に対するストレスケア，業務指示の研修を実施し，また，全社員に対して自身のストレスケアに対する研修を年に1回実施しました。また，半年に一度，メンタルヘルスに関する調査を実施することにしました。管理職に関しては，**人事考課の項目に部下のストレスケアの項目を追加**しました。これにより，会社としてメンタルヘルス・心の病に対する意識が高まり，以前に比較してメンタルヘルス問題を抱える社員や心の病にかかる社員が大幅に減少しました。

34

教育研修費
変化対応のための人への投資

増えない教育投資

この数十年での日本企業の世界における競争力の低下の原因として，「人への投資」不足が挙げられます。日本は能力開発費用の支出割合が他国に比べて圧倒的に少ない状況です。このような状況を打破するためには，「人への投資」の抜本強化が必要と言われています。

各企業，従業員に対する教育研修をコストと捉えるか，投資と捉え有効な施策を展開できるかが非常に重要なポイントとなります。

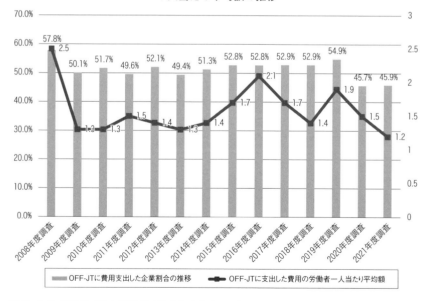

図表5-11｜OFF-JTに費用支出した企業割合とOFF-JTに支出した費用の労働者1人当たり平均額の推移

出所：厚生労働省『能力開発基本調査』各年度のデータをもとに作成

　これまでのOFF-JT（Off the Job Training：職場や業務を離れた場所での研修・学習）に費用支出した企業割合と，支出した費用の労働省1人当たり平均額の推移を見ると，企業割合は徐々にではありますが増えていました。しかし，新型コロナウイルス感染症の感染拡大という経験のない社会情勢となり，その影響から，費用支出した企業の割合と，労働者1人当たりの平均額は減少しています。コロナ禍により一変した社会，生活，そしてそれを契機に労働者の働き方への価値観も変わりました。この社会の変化と価値観の変化に対応した人材育成の指針策定と実行が求められるのではないでしょうか。つまり，今までどおりの研修を繰り返すのではなく，今後数年を見通して，会社の経営計画とそれを実現するために必要となるのはどのような人材なのかを明確にし，それに則した研修の組立てがより重要となるのです。

教育に積極的ではない経営

　日本企業の経営者は社員教育に極めて消極的です。業績が良いときは教育研修費を多く費やしますが，業績が悪いときにはコストカットの一環として教育研修費の削減を行います。業績が悪い状況では，今までのビジネスモデルの優位性が低くなった，あるいは社員の能力が劣化している，または変化していると想定されます。要は**企業業績が悪いときほど教育への投資を強化すること**が**必要**です。教育研修を行っても業績に直接大きな影響を与えないと考えている経営者が非常に多いと想定されます。このことを代表する例として，教育予算を策定する際に最も優先する基準として，「前年度の実績額」が最も多いという調査結果があります。「前年度の予算額」と合計すると61％となり，前年度ベースでの教育予算策定が圧倒的に多い結果です。人を資本と捉え，激しい時代に対応できる人材を育成することが企業の成長につながると考えるのであれば，適時適切な教育研修の提供が必要です。それが前年度踏襲であると，施策を実行したくてもできない可能性も出てきます。

図表 5 -12｜教育研修費用予算を策定する際に最も優先する基準

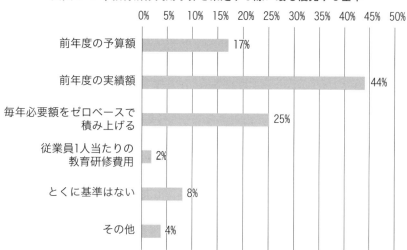

出所：産労総合研究所『2021年度　教育研修費用の実態調査』（2022年に利用）（https://www.e-sanro.net/share/pdf/research/pr_2201-2.pdf）をもとに作成

　コロナ禍以降，劇的に変わった社会の中で勝ち抜いていくため，これまでの教育研修を見直すことは必須です。企業に必要なスキル－保有スキルで不足する部分を埋めるためにどのような教育を施すのか，それは人事部だけの課題ではなく，企業全体としての課題と捉えるべきです。企業として，この先どのような経営をし，何を生み出すのか，そこにはどのような人材が必要なのかを明確にし，会社全体として教育研修にどれほど力を入れていくのか，未来と人への投資を結びつけた考え方がより一層重要となるでしょう。

》》》施策事例

事例1｜教育投資の数値目標設定

　社員の継続的な成長と環境変化による必要知識，スキルの補充を確実に実施するために，**教育投資の数値目標を設定**した企業の事例です。この企業は卸売業で，近年の環境変化が激しく，また取扱い商品の種類も多く，入替わりも激しい状況でした。今まで，教育は上司先輩から実地で指導するOJT中心でしたが，これでは社員全員の知識，スキルレベルを全体として底上げできないと考え，毎月1日研修を実施する目標を設定しました。年間1人12日のOFF-JTを受けることになります。労働時間の5％を教育研修に充てるということになります。この事例は，教育が足りないことに対してまずは教育投資時間の目標を設定したものです。

事例2｜評価制度と連動した教育研修の実施

　毎年行う人事評価では，社員に必要な知識や能力を測定していることになります。人事制度で定めた必要な知識，スキルに対して社員が実際に保有している知識，スキルのレベルの差を教育研修で補強するという仕組みで育成を強化している企業があります。実際には15項目程度の評価項目が各等級にありますが，その評価項目の中で**平均の点数が低い項目について教育研修を行う計画を毎年作成し**実施しています。こうすることによって**人事制度と教育研修が連動**して運用できることになります。

35

能力開発費用関連統計
産業構造の変化に対応するためのリスキリング

スキル転換への投資を政府が後押し

　「コロナ克服・新時代開拓のための経済対策」が2021年11月19日に閣議決定されました。厚生労働省では，デジタル人材育成の強化等を目的に，2022年度から3年間で4,000億円規模の施策パッケージを創設しました。人材開発支援助成金に「人への投資促進コース」が設けられ，高度デジタル人材の輩出のため，海外の大学院での訓練を含む職業訓練や，定額制訓練が助成の対象で，1社当たり年間最大1,500万円が支給されます。背景には，国際競争力の低さや，日本の労働生産性の低さに対する強い危機感があり，これを克服するには，スキル量の向上や保有するスキルの転換が必要だと考えられています。たとえば，2021年の世界経済フォーラム（WEF）の 世界ITレポート（The Global Information Technology Report）によると，日本の弱点として，ICT Skills（68位/130カ国）・ICT services exports（86位/130カ国）・ICT environment（95位/130カ国），Growth rate of GDP per person engaged（100位/130カ国）が挙げられています。「リスキリングしたほうが良い」という論調より，「リスキリングしなければ先がない」と表現すべき状況です。

産業構造変化が迫るリスキリング

　国内でも，産業構造は絶えず変化しています。第三次産業に従事する労働者は労働者全体の7割を超え，第一次・第二次産業で働く割合は減少しています。さらに，第三次産業の中でも内訳は変化しており，職種別に見ると専門的・技術的職業従事者・サービス業従事者・事務従事者が増加しています。限られた労働力の中で，成長分野の競争力を強化するためには，①衰退産業の労働力をいかに新規分野の労働力に転換するか，②現在すでに新分野に従事している人材の質をいかに引き上げるかしか選択肢はなく，リスキリングが迫られるのです。

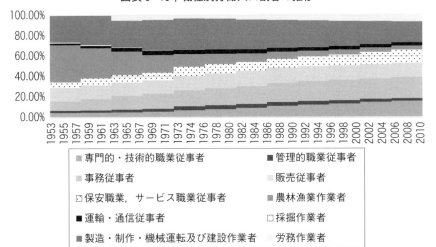

図表 5 -13｜職種別労働人口割合の推移

出所：総務省統計局（2023）『労働力調査（長期時系列表）』をもとに作成

能力開発に投資していない日本

　能力開発の重要性・緊急度が高まる一方で，GDPに占める企業の能力開発費用の割合は，諸外国と比較をすると著しく低水準です。アメリカ，フランス，ドイツ，イタリア，イギリスでは，GDPの 1 ％以上を能力開発費として投資していますが，日本は0.1％程度であり，OJTや個人の自主的取組みに頼っている状況です。日本では，新しい技術の獲得や付加価値の追求に対する積極性が十分ではないことがわかります。

150

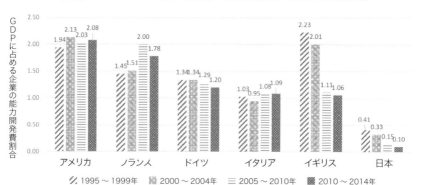

図表 5 -14 ｜ GDPに占める企業の能力開発費の割合の国際比較

出所：厚生労働省（2018）『平成30年版　労働経済の分析　－働き方の多様化に応じた人材
　　　育成の在り方について－』

　世界中でビジネスの高度化が進み，産業構造の変化もスピードアップしてい
ます。一方，日本国内では，少子高齢化により労働力が減る一方です。企業は，
生き残りのため，競争力の強化のために**絶えずビジネスモデルの変革と，変革
を牽引する人材への投資を続けなければなりません**。競争力ある労働力を生み
出し，競争力を向上させなければ，日本の国・日本の企業の未来は暗いと言え
るでしょう。

≫≫ 施策事例

事例 1 ┃ キャリア開発休職

　キャリア開発休職制度は，社員の自律的な能力開発のために休職を認める制度です。企業により，さらに金銭面での支援を行うケースもあります。JR西日本では，大学・専門学校等において修学や資格取得に取り組むために最長 2 年間の休職が可能になります。ソニーが導入している「フレキシブルキャリア休職制度」は，留学や海外技術を学ぶための休職を認めた上で，その一部の費用を企業が出しています。社員にとっては多様なキャリア展開への後押しし，企業にとっては社員の知見・専門性の進化・深化を期待するという意味で，単なる福利厚生を超えた投資策と言えるでしょう。

事例 2 ┃ 公的機関の活用も含めた総合的な育成施策

　製造業を営むある企業（従業員約120名，関東近県）では，成長力の源泉として技術者の育成を目指し，自治体が提供する技術者養成プログラムへ毎年 1 名派遣し，高度な技術を取得させています。同時に，社内集合教育，OJT，公的機関の提供する教育機会を組み合わせて体系化し，組織全体で学ぶ環境を構築しています。

36

ICT投資
ICT投資の推移と効果

世界の中で低い日本の情報通信への投資

近年，新しい経済・社会の仕組み，さらには新しい生き方，働き方が現れており，それは情報通信技術（ICT）の力なくしては実現しえないものです。情報通信機器を揃え，ソフトウェアを導入したとして，実際の効果はどうなのでしょうか。

日本のICTに対する投資の推移について，2007年を100とした指数で見ると，2020年は115となり，投資額はわずかな上昇です。コロナ禍の影響から，新たな働き方に対応するための方法としてICT投資の推進が必要に迫られたことや，今後のDX推進に向けた投資も必要なことから，投資額は伸びていくのではな

図表 5 -15 | ICT投資の推移

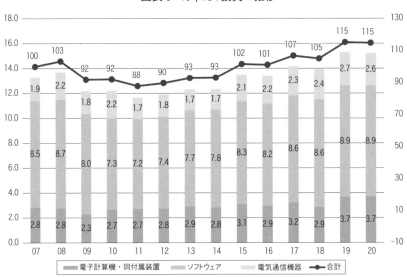

注：折れ線は2007年の合計値を100としたときの指数
出所：総務省情報流通行政局情報通信政策課情報通信経済室（2022）『令和 3 年度　ICTの経済分析に関する調査』をもとに作成

いでしょうか。また，外的要因（経済危機や震災など）によって投資額が減少することもわかります。スイスに拠点を置くビジネススクールIMD（International Institute for Management Development：国際経営開発研究所）が発表した，IMD世界デジタル競争力ランキング2021において，日本の情報通信への投資は世界の中でもランキングが低く，働き方のニューノーマルに向けた企業によるテクノロジーの投資は課題と言えます。

日本企業はデジタル化の効果を得られていないと感じている

　生産性向上を目的としたデジタル化の効果を国別に見ると「期待通り」とする回答が多いですが，日本においては「期待以上」という回答は極端に少なく，また「期待する効果を得られていない」という回答も約30%です。一方，米国では「期待以上」が非常に高く，ドイツ，中国では「期待通り」が日本と比較して多いことがわかります。この他国との比較において差が出る理由は「本来必要なものに対しての投資が少ない」，「日本人のデジタルに対する期待値が高い」からかもしれませんし，「導入したシステムを使いこなすスキルや人材が

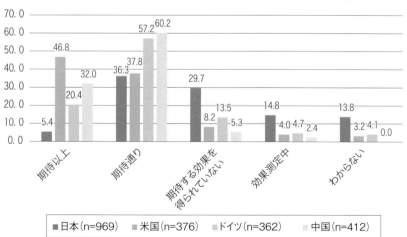

図表 5 -16｜生産性向上を目的としたデジタル化の効果（国別）

■日本(n=969)　■米国(n=376)　■ドイツ(n=362)　■中国(n=412)

出所：総務省（2022）『国内外における最新の情報通信技術の研究開発及びデジタル活用の動向に関する調査研究の請負成果報告書』をもとに作成

不足している」，「デジタルに対する理解が不足し組織内で推進しにくい」といった事情があるかもしれません。いずれにしても，期待した効果が得られないということは，さらにデジタル化を進めていこうとする風は吹きづらいということにつながってしまうのではないでしょうか。

ICT投資を意味あるものにするために

　ICT投資をしたとして，効果が得られなければ意味がありません。効果を得るためには，経営レベルでの投資の目的，目標や評価の指標の明確化→実際に使用する人々の理解と意識改革→システム活用による生産性向上のための現在の業務改革といった流れが必要なのではないでしょうか。理解と意識改革の面では，ITリテラシー向上が必要ということであれば，リカレント教育やリスキリングの機会も必要でしょう。また，業務改革については，慣例的業務の撤廃や導入するシステムに業務を合わせていくぐらいの改革が必要かもしれません。そして，ICTを活用した「新たな価値創造」が重要になります。そこにはIT人材やサービスの価値創造，変革を推進する人材の採用，既存社員からの配置，活用が必要になるでしょう。働き方の変化やDXの推進に際して，企業は適切なICT投資への検討と実践に取り組まなくてはなりません。

⟫⟫ 施策事例

事例1｜経営トップの目標設定

　ICT活用にあたっては，**経営者自身が**ITの効果と問題点を**十分理解する**ことが重要です。企業経営者に対する，業種・業態や進展段階に応じた，IT活用に関するITセミナーや実践的な研修が公的機関において実施されています。ITの活用によって「何をするのか，何かできないか」ではなく，「**どのような価値を創出するのか**」を経営者自身が設定し，推進することが第一歩と言えます。

事例2｜外部の支援の活用

　IT化推進には，専門的な知識や経営革新を踏まえた適切なアドバイスが必要です。IT化に関するアドバイス・コンサルティングを外部から受けることで，現状社内に精通した人材がいなくともスタートは可能です。まずは外部の力を利用してスタートさせ，人材については，社長自らがDXに取り組む中で関係を深めたコミュニティ経由で確保していったという事例もあり，**積極的な外部との連携**は重要と言えるでしょう。

事例3｜社内人材育成

　社内の適切な人材の見極め，または公募によりその人材の育成をある程度の時間をかけて行うことで，地道に社内IT化を成功させた企業があります。まずは自社に必要なIT人材の定義を明らかにした上で，育成の目的を選定します。そして，育成すべき具体的なスキルの内容と優先順位をまとめたスキルマップを作成し，明確な育成項目の全体像を対象者のみならず全社に示すことで人材育成を推し進めていくことができます。

人事管理に関する主要データ

　日本の人事制度はこの30年間大きな進展はしていません。人材は経営戦略・経営計画を達成するための重要な資源と認識されていますが，残念ながら人事を改革しても業績が上がるというような判断をする経営者はあまり多くありません。たとえば，経理部では毎年経営者に会社の業績を正確に報告しなければなりません。それに対して人事部は，現在の人事の状況把握や１年間の人事に関する報告を行っている企業が一部ある程度で，ほとんどの企業では業績と人事は連動していないと考えられています。そのため，自社に必要な人事指標も定められていません。今後，日本の企業が大きく成長するためには教育投資に桁違いの投資を行わなければなりません。

　現在，多くの人事部は人事業務の処理を行っており，自社の人事の重要指標をウォッチしたり，自社の人事上の問題・課題を正確に捉えることができていません。本来，人事部は，経営戦略，経営計画を達成するための人的リソースを持たなければいけませんが，戦略，計画に連動した人事制度の改定や採用を行っていません。今後，経営に重要なリソースである人材を戦略・計画に合致させることが極めて大きな責務であるという認識が必須です。

　自社の人事制度が効果的，効率的に機能しているかを常に認識し，またそれを経営レベルで十分に共有し，施策に結びつけなければなりません。そのためには，自社の人事情報を整備することはもちろん，外部のデータを参考にする必要があります。たとえば，年功序列的人事制度の中で高齢化が進み，形だけの管理職が増加した結果，管理職比率が異常に高い企業が散見されます。また，労働装備率も極めて重要な指標で，自社のデータを他社と比較する必要があるでしょう。

　第６章では，人事管理に関する主要なデータを提示するものでこれらのデータは，半年か１年ごとに定期的にチェックすることが必須となるでしょう。

37

総労働時間の推移
日本企業はいまだ長時間労働

減少傾向の労働時間

　昨今，日本国内における一般労働者[1]の総労働時間は，政府による働き方改革の推進もあって減少傾向となっています。直近では，法令に基づいて大企業に対して2019年 4 月，中小企業に対して2020年 4 月に時間外労働の上限規制が適用されたこともあり，今後も減少傾向が継続すると推測されます。引き続き，労働時間の削減が社会的に要求されると考えた時，自社水準を適正なレベルで推移させるためにも，**外部水準がどの程度の値で推移しているかを把握してお**く必要があります。

減少したが働き過ぎ

　図表 6 - 1 は，従業員 5 名以上の規模の企業における，一般労働者 1 人当たりの平均年間総労働時間の推移です。最も数値の大きかった1996年は約2,050時間でしたが，直近の2019年時点では約1,980時間であり，70時間も減っています。これは月に換算すると毎月の労働時間が 6 時間弱減少していることを示しています。また，直近 3 年間における減少傾向は特に顕著です。働き方改革を実施する企業が増えたことによって，約2,020時間で長年横ばいだった推移が，2017～2019年にかけては40時間も減少しています。これは毎年，月の労働時間が 2 時間弱ずつ減少していることを示しています。

企業規模別には大きな差

　図表 6 - 2 は，上述のデータを企業規模別に細分化したものです。全体の傾向としては，基本的に企業規模が大きくなるに従って労働時間が少なく推移しています。また，直近の2019年時点で比較すると，500人以上規模が約1,920時間で一番少なく，30～99人規模が約2,010時間で一番多く推移しており，企業規模によって労働時間に最大90時間の差が発生していることになります。これ

は，毎月の労働時間に最大 8 時間弱の差があることを示しています。

図表 6-1 ｜ 一般労働者の 1 人当たり平均年間総労働時間

出所：厚生労働省『毎月勤労統計調査（長期時系列表 実数・指数累積データ）』各年度の
　　　データをもとに作成

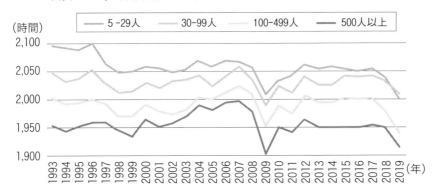

図表 6-2 ｜ （規模別）一般労働者の 1 人当たり平均年間総労働時間

出所：厚生労働省『毎月勤労統計調査（長期時系列表 実数・指数累積データ）』各年度の
　　　データをもとに作成

労働時間の適正化のために

　近年の労働時間の減少は，働き方改革などの経営施策による成果であり，ポジティブに捉えるべきです。しかし，実際には先に述べたとおり，1年当たり月に2時間程度の減少に留まっており，先進各国と比較して長時間労働であることには変わりはありません。それを踏まえると，**これからの数年で年間100時間以上の減少を目標とする**くらいの施策が求められます。

　また，労働時間の企業規模間格差は非常に大きく，中小企業は深刻な状況です。効率化のためのシステム化や働き方の見直しのような経営努力は継続しつつも，企業規模の拡大施策，たとえばM&A施策で規模の拡大に伴う効率性を獲得できれば，経営層にとっても社員にとっても魅力的であり，メリットを享受できるということになります。

● 注
1　一般労働者　…短時間労働者以外の労働者。
　　短時間労働者…1日の所定労働時間が一般の労働者よりも短い，または1日の所定労働時間が一般の労働者と同じでも，1週の所定労働日数が一般の労働者よりも少ない労働者。

≫≫ 施策事例

事例1 | 労働時間短縮のための施策の実施

　現在の労働時間を短縮するために，**社内外の移動時間を短くすること**で実施した事例です。リモート会議システムを導入し，社内の会議は原則リモートとすることで，本社支店間移動などの時間を削減しました。また，クライアントとの会議もできる限りリモートとし，主に移動時間の削減によって労働時間の削減を実現しました。

事例2 | 労働時間の短縮のための意識改革

　経営トップが率先して労働時間短縮に向けての方針を提示し，無駄な時間を削減するための研修を行った事例です。研修では，各部の部長を集め，現在の労働時間の実態を認識させた上で，削減可能な時間をディスカッションし，各部での施策を作成させた上で，それぞれが自部署でプレゼンテーションしました。

38

労働時間統計
望ましい労働時間・生産性に向けて

労働時間の各国比較・日本の法改正動向

　日本のサラリーマンの労働時間は長いと言われています。OECDが取りまとめているデータベースによると，労働者1人当たりの年間平均労働時間は，2020年時点で，日本の1,621時間に対して，ドイツでは1,284時間，フランスでは1,320時間[1]です。ここで示す労働者にはパート・アルバイトなどの非正規雇用者も含まれるため，厳密な国際比較はできませんが，日本では非正規割合が他国よりも高いのにもかかわらず，年間平均労働時間が長く，やはり日本のサラリーマンは長い時間働いている，という感覚の確認はできるでしょう。

　残業時間削減に向けた取組みとして，2010年には，月間60時間を超える法定外超過勤務時間に対して，割増率を1.25倍から1.50倍に引き上げる法改正がなされました。中小企業はこれまで13年間もの間，猶予されてきましたが，2023年4月から対象となります。労働法改正や，各企業の取組みにより，労働時間は若干減少しているものの，正社員1人当たり年間2時間程度の削減に留まっており，大幅な削減とは言い難く，継続した取組みが必要です。

　東京都が2016年9月に行った調査で，企業規模別の時間外労働（平均時間）を見ると，いずれの規模においても30時間未満，10〜20時間未満の企業が過半数を占めることがわかります。一方，今回の規制に抵触する60時間以上の割合，ギリギリのラインである50〜60時間未満の割合は，1,000人以上規模でも若干みられるほか，100〜299人規模において多くなっています（**図表6-3**参照）。

図表 6 - 3 ｜ 2016年 9 月時間外労働（平均時間）（規模別）

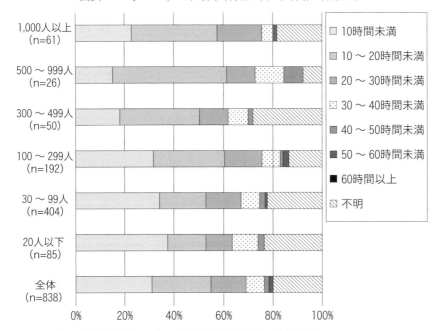

出所：東京都 産業労働局（2017）『労働時間管理に関する実態調査』

年間720時間以上の残業はほぼ中小企業

　経団連の2020年労働時間等実態調査によれば，時間外労働時間は年々減少傾向です。2019年では，年間の時間外労働時間平均が360時間未満（月平均30時間未満）の企業が90％を超えています。ちなみに，製造業と非製造業を比較すると，非製造業のほうが残業時間は長い傾向にありますが，非製造業でも84.2％の企業において，年間の時間外労働時間の平均は360時間未満です。一方で，母集団に占める割合は低い（2019年時点では0.4％）ものの，年間の時間外労働時間平均が720時間以上（月平均60時間以上）の企業も存在し，これらのほぼすべては中小企業です。2023年 4 月の法改正による，中小企業における60時間を超える残業代の割増率の猶予期間終了は，これらの企業の人件費単価に対してインパクトを与えます。

図表 6-4 | 時間外労働時間（一般労働者）

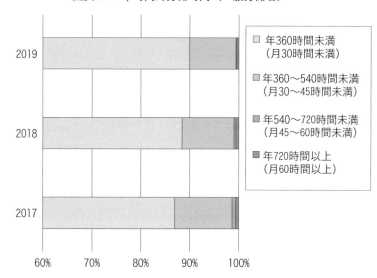

出所：日本経済団体連合会（2020）『2020年労働時間等実態調査』（https://www.keidanren.
or.jp/policy/2020/081.pdf）

中小企業で残業が多い要因

　中小企業庁の「長時間労働に繋がる商慣行に関するWEB調査」[2]（2019年）
によると，長時間労働につながる主な商慣行上の理由は以下の3つです。
　①　納期のしわ寄せ（前工程の遅れが下請け企業のしわ寄せとなる短納期）
　②　受発注方法（川下の取引先に対する過度な要求による多頻度配送，在庫負荷，
　　　即日納入など）
　③　特定業界への依存による特定時期の過度な繁忙（売上が特定企業や官公
　　　庁に偏重することにより，年末年始などの一時期に業務や納期が集中すること）
　こうした状況に置かれるのは，交渉力が弱い小規模企業である下請け企業が
多いです。生産性を向上できない企業は，人件費単価増に苦しむこととなりま
す。また，法整備により他の企業の労働環境が改善されることで，職場・労働
環境の魅力の観点から労働力の流出リスクもあり，改善は急務です。

〉〉〉 施策事例

事例1 | 競合他社が提供できない価値創出により交渉力を高める

　下請け業務が多い企業の場合，状況の是正のため，交渉力の向上が不可欠です。たとえば，適正な業務運用ができるだけの交渉力を持つべく，特定の企業・取引先に売上を依存しない取引先のポートフォリオ適正化が必要です。そのためには，競合他社が提供できない価値創出が求められます。同業者が少ない製品サイズに特化する方針のもと，自社の技術を活かせる市場を模索し，特殊な形状や材質の加工技術に対応できるようになり取引先が多様化した事例や，カーボンニュートラルへの社会的要請が高まる潮流を商機と捉え，研究開発投資をさらに強化した結果，技術開発に成功し，CO_2排出が少ない技術を求める大手企業を中心に引き合いが増加した事例があります[3]。

事例2 | 多様な雇用形態の活用による長時間労働の是正

　ビジネスモデルの特性上，大きな繁閑の差が生じることが致し方ない企業の場合，人件費単価だけでなく，人員数のコントロールが重要です。具体的には，現有人材の時間数を長くすること（残業）による業務処理だけではなく，短期の有期雇用や人材派遣活用などです。コア業務でない定型業務量による負荷が大きく長時間労働が生じている場合には外注の活用も選択肢の1つです。

事例3 | M＆Aを通じた生産性の向上

　日本では，企業数が非常に多く，同業界内で大企業から中小企業へ商流が多重構造になっていることも，下流企業で業務量や納期に無理が生じ，小規模企業で過度な業務負荷・残業が生じやすい主な要因です。生産性向上のため，統合やM＆Aによる業界内の産業構造自体の見直しも必要でしょう。

● 注 ─────────────────────────────

1　OECD Database "Average annual hours actually worked per worker"（2021年11月に利用）（http://stats.oecd.org/index.aspx?datasetcode=anhrs）
　　データは一国の時系列比較のために作成されており，データ源および計算方法の違いから特定年の平均年間労働時間水準の各国間比較には適さない。フルタイム労働者，パートタイム労働者を含む。

2　中小企業庁（2019）『長時間労働に繋がる商慣行に関するWEB調査 結果概要と今後の対応』（https://www.chusho.meti.go.jp/keiei/koyou/2019/190201jinzai01.pdf）

3　中小企業庁（2023）『中小企業白書・小規模企業白書　概要』（https://www.mhlw.go.jp/toukei/saikin/hw/life/23th/index.html）

39

法人企業統計調査票等
外部データを活用して継続的観察を

指標を活用して人事の「健康診断」を

　人が健康を維持・向上するためには，定期的に健康状態を把握する，定期健康診断を受けることが重要です。一定期間ごとに健康の状態をチェックすることで，新たな病気や健康上の留意点がわかります。

　これは企業の人事も同じで，人事の状態を正確に一定期間ごとに測ることが重要になります。良くなる数値もあれば悪くなる数値もあります。

　企業人事がより魅力的にかつ効果的に機能するためには，良い部分を伸ばし悪い部分を改善しなければなりません。企業人事のキーとなる指標を決定し，定期的に把握することが，人事管理の最も重要な基本となります。

図表6-5 | 法人企業統計調査の見方

2. 業種別, 規模別資産・負債・純資産及び損益表(続)						
製　造　業 業種 資本金規模						(単位 百万円)
資　本　金　別	総　額	10未満	10~50未満	50~100未満	100~1,000未満	1,000以上
母　集　団　(　社　)	334,631	177,033	137,201	12,410	6,059	1,928
付　加　価　値　額	74,700,402	4,100,360	13,806,187	7,314,451	12,139,642	37,339,762
役　員　給　与	4,215,692	1,219,953	1,965,497	410,932	280,295	339,015
役　員　賞　与 人件費	82,688	12,849	55,163	30,968	33,499	50,209
従　業　員　給　与	34,128,960	1,958,187	7,239,530	3,649,135	5,556,038	15,726,070
従　業　員　賞　与	8,521,363	159,769	1,044,442	771,110	1,405,145	5,140,897
福　利　厚　生　費	7,974,556	249,125	1,071,870	678,915	1,279,277	4,695,369
支　払　利　息　等	1,068,014	52,507	243,012	95,021	116,359	561,115
動産・不動産賃借料	3,562,590	237,012	674,820	401,079	730,114	1,519,565
租　税　公　課	2,109,863	148,897	381,116	157,341	282,216	1,140,293
営　業　純　益	12,936,676	62,061	1,130,737	1,119,950	2,456,699	8,167,229
役　員　数　(　人　) 人数	744,834	319,407	341,038	42,227	24,444	17,718
従　業　員　数　(　人　)	9,196,578	878,502	2,658,089	1,177,912	1,466,626	3,015,449

出所：財務省財務総合政策研究所（2019）『財政金融統計月報822号』

図表6-6｜賃金構造基本統計調査の見方

表頭分割	01		
雇用形態	雇用期間定め無し計		
産業	E製造業	業種	
学歴	大学	学歴	

区　分		年齢	勤続年数	所定内実労働時間数	超過実労働時間数	きまって支給する現金給与額	所定内給与額	年間賞与その他特別給与額	労働者数
		歳	年	時間	時間	千円	千円	千円	十人
部長級	職階	53.2	27.8	165	0	744.7	744.2	4135.0	2 713
～19歳		-	-	-	-	月収	-	賞与	-
20～24歳		-	-	-	-	-	-	-	-
25～29歳		-	-	-	-	-	-	-	-
30～34歳		34.5	12.5	144	31	369.7	299.0	1284.0	7
35～39歳		38.9	7.3	195	0	1191.4	1188.4	4063.0	38
40～44歳	年齢	44.0	19.5	162	6	628.7	628.3	3647.9	59
45～49歳		48.0	24.5	166	0	702.2	701.6	3729.8	382
50～54歳		52.5	27.0	166	0	728.7	728.4	4007.3	1 199
55～59歳		57.0	31.5	163	0	767.4	767.2	4481.8	991
60～64歳		61.5	26.6	166	0	889.8	889.8	4559.2	37
65～69歳		-	-	-	-	-	-	-	-
70歳～		-	-	-	-	-	-	-	-

企業規模：1,000人以上

出所：厚生労働省（2021）『賃金構造基本統計調査』

労働分配率・労働生産性

　財務省の財務総合研究所が発表している，業種別・資本金規模別の資産・負債・純資産及び損益計算書には，付加価値額や人件費，人員数が掲載されています。これらの数字を使って，自社と同規模・同業種の平均的な労働分配率や労働生産性を知ることができます。

　労働分配率は，人件費を付加価値額で割ることで求められます。**労働生産性は，付加価値額を従業員数で割る**ことで求められます。労働分配率は，社員に対して**適正な分配が行われているか**を知る極めて重要な指標です。また，労働生産性は近年，特に注目を浴びていますが，**1人当たりの付加価値を高めるための最も重要な指標**と言えます。分配率，生産性などのデータを収集していな

い企業は，人件費，生産性のコントロールができないと言えます。

　労働分配率・労働生産性は同規模・同業種の企業間であってもビジネスモデルによっては数字の出方が異なることが考えられます。外部データと自社水準の差がある場合，たとえば同業種の中でも特殊な製品を扱っているため他社より○○費が嵩むなど，その理由に説明がつくことが望ましいです。一方，外部水準と乖離している理由がわからない場合，または合理的な理由でない場合には是正施策が必要となります。

労働市場における賃金水準

　労働分配率の高低・労働生産性の高低を把握すると，自社の人件費の単価が妥当なのか否かが気になってきます。そこで活用できるのが，厚生労働省が発表している「**賃金構造基本統計調査**」です。

　この調査では，従業員数によって区分された企業規模別，製造業・建設業などの業種別や，男女別，大卒・高卒などの学歴別，年齢別，部長級・課長級などの役職別等，多岐にわたる分類ごとに，月収や賞与の水準が公開されています。「決まって支給される給与」が，手当や残業代等も含めた月収合計の水準であり，年間賞与等の金額も明らかにされています。決まって支給される給与の12倍に年間賞与額を加算することで，年収水準も知ることができるのです。

　こうして求めた外部の水準と，自社の各属性の月収・賞与・年収の水準を比較して自社の給与水準が高いのか低いのか，言い換えれば労働市場に対してプロテクトが効いているのかを把握することができます。賃金水準は労働の需給によって決まるもので毎年変化があります。経営者，人事は毎年この水準をチェックしなければ正しい水準を知ることができず，社員に適正な給与を支給することができません。

健康診断から問題解決へ

　自社の人事の定量的な状況を知るために，まずは入手可能なデータを活用し，簡単な分析を継続的に行うことで自社の状況を観察しなければなりません。そして，一定期間ごとに，より網羅的・専門的な分析をすることで，問題・課題の発見や施策展開につなげることが望ましいです。具体的には，たとえば上記で紹介した外部データと自社内のデータを掛け合わせることで，社員のパフォーマンス別に望ましい処遇ができているかという人事制度上の問題・課題を見つける分析や，中長期的に人件費や人員数がどのように推移するのかといった将来予測シミュレーション等，さまざまな分析に応用できます。適切な現状把握は経営判断・健全な人事管理の重要な土台となるものですから，まずはできる範囲で，そしてより多面的・専門的に分析する必要があるのです。

》》》施策事例

事例1 | 人事指標を毎年経営者に報告

　企業に必要な人事指標を決定し，毎年経営陣に報告することを制度として行っている企業があります。経理情報などは定期的な報告義務がありますが，人事情報に関しては定期的に報告する場面が設定されていません。そのため，経営者は自社の社員の能力スキルやモチベーション，人件費，給与水準などの重要な指標に対して正確な判断をする材料を持ち合わせていないと言えます。この企業では，半年に1回，**人事指標報告**という会議を設置し，**数字に基づいた現状把握**を行っています。

事例2 | 企業独自の人事指標の設定

　労働分配率，各種生産性，賃金水準，モチベーション等の基本的なデータとともに，その企業にとって重要な人事指標を設定する企業があります。たとえば，女性活用に課題のある企業では，女性管理職比率や男女別の昇格スピード比較なども重要になります。そのほかにも，新卒社員と中途採用社員の昇格のスピードを比較することにより，新卒採用と中途採用のプライオリティを決めている企業もあります。さらに職種別に賃金水準が大きく異なり始めているため，職種別賃金や学歴別賃金などの指標を，重要指標として採用する企業もあります。このように，**基本的な指標とともに独自の指標を設定して，経営計画を策定**する企業もあります。

40

管理職比率
組織の管理者は10%で足りる

管理されていない管理職比率

　管理職は経営陣と一体となり，会社を牽引する非常に重要な役割を担うポジションです。経営の目標を達成するために組織を編成します。一般に，その組織の中で重要な役割を担う社員を管理職社員とします。たとえば，部長や課長などです。課長1名に対して課員は複数名（5〜20名程度）と考えられます。部長は複数の課を統括します。当然，管理職社員の人数は社員全体の中では非常に少なくなりますが，実際には適正な人数を上回る管理職社員を置いている企業が非常に多く見受けられます。逆に，急成長している企業や労働流動性の高い業種の企業などは適正な管理職の人数よりも少ないこともあります。いずれにせよ，経営にとって極めて重要な役割を担う管理職の人数は，経営として厳格に管理する必要があります。日本の企業では管理職に関する考え方が甘く，適正な管理職の人数を維持することを意識している会社は非常に少ない状況です。そこで，適正な管理職の人数を管理するためには適正な組織機構を構築しなければなりません。その会社独自の組織機構の場合は，その会社として必要な管理職の人数となるでしょう。また，同じようなビジネスモデルの会社が存在している業種では他社の管理職比率が参考になります。

企業規模別の管理職の傾向

　企業規模別の正社員に占める部長比率・課長比率を見ると，企業規模が大きいほど部長比率は低く，課長比率は高い傾向にあることがわかります。部長比率に関しては，大企業であれ，中小企業であれ，部として設ける機能の数，および必要な部の数に大きな差がないため，大企業のほうが社員に占める部長の数が少なくなることが考えられます。一方の課長比率については，中小企業では組織規模が小さいことから，部長が課長の役割も兼ねるケースがあることや，大規模な組織では課長代理・課長補佐など，ラインマネジメントを担わないも

図表 6 - 7 ｜ 管理職比率（2018年）

	規模計	1000名以上規模	500 ～ 999名規模	100 ～ 499名規模
部長比率	2.9%	2.6%	3.1%	3.2%
課長比率	7.2%	7.7%	7.2%	6.6%

出所：厚生労働省（2018）『賃金構造基本統計調査』

のの年功的な観点から課長級として処遇される社員を抱える余裕があることなどが影響していることが考えられます。こうした傾向があるとは言え，部長比率・課長比率の合計はいずれの企業規模においても10％程度と，顕著な差があるわけではありません。この数字は，実感とかなりの乖離があるのではないでしょうか。特に大手の企業では実際の管理職ポストに就いている本当の管理職と，実際にはポストに就いていない管理職待遇の社員が多く存在します。これは，**多くの社員を総合職で採るため，年功的な人事制度の結果，ポスト数に比べて管理職候補者が多くなり**，そのため管理職ポストに就いていない管理職が多く発生してしまうのです。特に年功的な人事管理を行っており，平均年齢の高い会社では，管理職比率が30～50％というケースも散見されます。単に組織の管理者という視点では10％程度で足りるのに対して，かなりのギャップがあることがわかります。

業種別の管理職比率傾向

　業種別に管理職比率を見てみると，業種別に大きな特徴があることがわかります。ビジネスモデルによって組織機構の違いから必要な管理職のポストの数が大きく異なるからです。たとえば，建設業では管理職比率が突出して高いことがわかります。建設業では，1つの現場に対して元請け，下請け，孫請けがあるなど，ビジネスが多重構造となっており，関与社数が多く，各社ごとに管理職社員がいるため，業界全体としても管理職比率が高くなっているのです。逆に，運輸業，郵便業は，定型的な業務を安定して管理することが重要であるため，規則やマニュアルに沿った管理が行われています。多くの社員を1人の管理職が統括しているため，管理職比率が低いと言えます。管理職は運送・配送という単一の業務を担う人材を取りまとめるため，管理する部下の数を多く

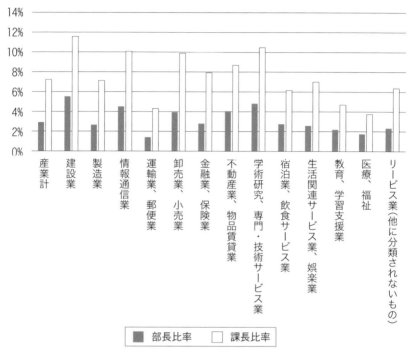

図表 6 - 8 ｜産業別部長比率および課長比率（2018年）

凡例：■ 部長比率　□ 課長比率

出所：厚生労働省（2018）『賃金構造基本統計調査』

持てること，収益性の観点から管理する社員よりも現業に関わる社員を多くするほうが効率的であることから，管理職比率が低く抑えられているのです。

望ましい管理職比率を維持するために

　管理職比率が**図表 6 - 7**や**図表 6 - 8**の水準並みである場合も，**管理職比率と管理監督者比率の間に大きな乖離がある場合**には，総額人件費や労務の観点で問題があり，**早急な見直しが必要**です。また，最適な管理職比率はビジネスモデルのあり方や正社員比率などにも依存するため，外部の水準によらないユニークなもののほうが適している場合もあります。定期的に生産性の指標や，管理される側の従業員の働きやすさなどをモニタリングすることにより自社に合った水準を探り，うまくコントロールすることが望ましいです。

》》》施策事例

事例1│組織機構の見直し

　平均年齢が上昇するに従って，業務内容が同じでも社員の構成が変化していきます。ある企業では，平均年齢が45歳と高齢となり，管理職候補社員が多く発生していました。しかし，実際に必要な管理職ポストは以前と変わりません。ポストに就ける管理職社員は少なく，ポストに就けない社員が不満に思うようになったため，会社は徐々に組織を細分化したり，部長補佐や次長などの新たなポストを設置したりして，管理職に登用できる社員を増やしてきました。実際には必要性の低いポストであるため人件費が高騰することになります。この時点で管理職比率は約40％にもなり，人件費負担が大きな問題になっていました。そこで，この企業では**平均年齢が低かった時代の組織図を参照しながら，あるべき組織機構を再構築し，適正な管理職比率を維持**するようにしました。ポストに就いていない管理職社員は高度な実務担当者として位置づけるなど，**新たなキャリアゴールを設定**しました。同時に，50歳以上の社員に対して**早期退職支援制度**を導入しました。これにより，徐々に適正な管理職比率へ，数年かけて調整されました。

事例2│人事制度の改定

　事例1と同様，平均年齢が上昇し，管理職ポストに比して管理職候補者が多い状態の企業で，人事制度の改定によって適正な管理職比率にする施策を行った事例です。多くの社員を総合職社員として採用し，全員のキャリアゴールが役員，部長，課長などの管理職社員である人事制度でした。管理職は約10人に1人でよいため，残りの9人は，実際には管理職に就けないという構造です。しかし，人事制度は10人全員に対して管理職をキャリアゴールとしているという矛盾があったため，新しい人事制度では，**入社後10年間を区切りとし，将来管理職を目指す人材と，高度な専門職として実務を担う人材とを選別する制度**に変更しました。選抜された管理職人材は徹底した教育を行い，他の社員は自己の専門性を磨くことに注力させ，高い専門性を持つ社員は管理職よりも処遇を高くする制度としました。社員の大半が実務を担う社員であり，管理職は極めて少ない比率であるということを制度化した事例です。

41

希望・早期退職募集状況
業績好調企業における希望退職制度の導入

継続して実施される雇用調整施策

　バブル崩壊やリーマンショックなどの急激な景気悪化局面や，コロナ禍のような外部環境の変化に伴う経済活動縮小局面において，企業は頓服薬を服用するように，雇用調整施策（いわゆるリストラ）を実施してきました。景気悪化による赤字をいち早く埋めるために雇用調整を行うことは当然として，近年は特に，黒字下であっても，予防策的に人員数や人員構成をコントロールする方策を持っておくことの重要性が高まってきています。**図表6-9**は，失業者のうち，会社都合による失業者の割合を経年で示した折れ線グラフです。会社都合による失業とは，倒産や事業所の閉鎖等による失業のほか，退職勧奨など経営上の都合により退職を勧められて退職をした場合などが含まれ，セカンドキャリアを自主的に選択することなどを目的に恒常的に設けられている制度などを利用し，労働者が自主的に退職を決断した場合は含まれません。日本企業において，早期退職に関する議論が最初に興隆したタイミングは，バブル崩壊後です。バブル崩壊までは，日本の経済は右肩上がりに成長を続けていました。また，労働市場には，「団塊世代」と呼ばれる人口ボリューム層を中心に，労働者の数自体が多かったため，各企業が積極的に雇用拡大をしていたのです。業績拡大に対応すべく数多くの社員を抱えていた状況下で，経済危機に直面し，雇用のあり方や，企業の雇用責任とは何か，ということが議論されるようになったのです。

失業者数の推移

　会社都合退職による失業者の数は，2009年のリーマンショック時までは右肩下がりです。その後，リーマンショックの影響による倒産や事業整理，応急処置的な経営効率化により，会社都合による失業者の割合が急増しました。さらにその後，新型コロナウイルス感染拡大による人流制限が生じるまでは右肩下

図表6-9 | 失業者のうち会社都合による失業者の割合

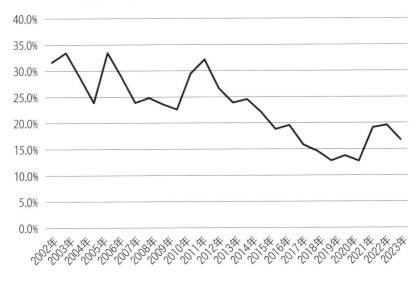

出所：厚生労働省『労働力調査（長期時系列データ）』各年度のデータをもとに作成

がりであり，2020年には一時的に増加しているものの，かつてよりは低い水準に留まっています。

黒字期における雇用調整施策の実施

　主要な上場企業における早期退職募集状況を経年で見ると，やはりリーマンショックが生じた2009年，新型コロナウイルス感染が拡大した2020年は，実施社数，募集人数ともに突出しています。人員数の圧縮による人件費抑制を目的とした，応急処置的な雇用調整だと考えられます。一方で，その間の平常時においても一定数実施されています。さらに，2020年に早期退職制度を実施した企業のうち，およそ40％超の企業の通期の損益は黒字です。赤字企業が早期退職を募集する主な目的は，業績悪化に対する緊急対応であり，従前から行われてきたものです。一方，黒字企業が早期退職に踏み切るのは，先を見通した上で，先行的な改革を目指しているためです。先行型の早期退職制度実施の経営上の目的としてよく挙げられるのは，人員構成の歪みの是正，業務の効率化・

図表6-10 | 主な上場企業 希望・早期退職募集状況

出所：厚生労働省（2022）『賃金構造基本統計調査』

生産性向上，年功主義の解消などです。

人員数コントロールの重要性

　近年，人事制度を改定する企業において，恒常的な人員数と人員構成のコントロールの施策として，**早期退職優遇制度（セカンドキャリア支援制度）** を設計したいというニーズは強く，これまで以上に重要性・緊急性が高まっているように感じます。背景には，やはり絶えず変化する**経済状況に対する危機感**や，業務効率や生産性の向上による**人員数の余剰感**，ビジネスモデルの高度化による**社員に求めるスキルの種類の変化**，**会社内の人員構成の歪み**などがあります。特に，多くの会社で高齢化が進み，新しいビジネスモデルや環境変化のスピード感についていくことが難しい中高年社員を，このまま活用し続けることが難しいと考える企業も多くなっています。今後10年を見通して，現在の歪な人員構成を是正するための，最後のタイミングだと言えるでしょう。今後は，環境変化についていけない企業にとってはより厳しい時代となります。各企業は，環境変化に何とか対応しようと，必要なスキルを必要な時に調達せざるを得なくなります。これに伴って，労働市場の流動性もより高まるでしょう。長期雇

用を前提とした企業内の人材ポートフォリオを，時代に合った形に是正すべく，雇用調整施策を常備する傾向は今後も続くのではないでしょうか。

》》》施策事例

事例1 ┃ 恒常的な早期退職制度の実施

　高齢化が進んでいる日本では，年功的な人事制度により，人件費が適正な水準に比較して大きく余剰している企業が多くあります。また，管理職ポストが不足し，優秀でも管理職に就けない社員が多く存在していました。たとえば，昔は40歳で課長に就任できましたが，現在では平均が50歳となり，しかも課長になれる確率も大幅に低くなっています。社員から見れば，このまま会社にいて数の少ない管理職ポストを目指すか，社外の専門職社員として勤務するか，また自分のキャリアを他社で活かすべく転職をするかが現実の選択肢となります。会社側も，個人のキャリアという観点と人件費の高騰を解決するために，社員に対して**今後のキャリアや処遇のあり方を十分説明した上で**，**継続的な早期退職制度を導入しました**。制度は**本人の希望により申請**できることにし，**会社側からは勧奨はしませんでした**。これはスローペースで適正な人件費にするための施策になります。

事例2 ┃ 積極的な退職勧奨

　ビジネスモデルの変化や能力の劣化などにより，会社の戦力として十分ではない社員が多く発生していました。平均年齢も高く，人件費は高いのにシステムリテラシーが低く，今後新たなビジネスに貢献することが困難な社員が一定程度存在していました。会社の業績は比較的好調でしたが，これらの社員を，**業績が良いときに好い条件で退職促進**するために，早期退職制度を設置しました。本人の選択で応募はできるし，会社側も特定の社員に制度の適用を勧める退職勧奨施策を行いました。なお，退職勧奨をする場合には，通常の退職条件よりもさらに優遇した条件を提示しました。これは短期的に適正な人員の構成とするための施策です。

42

労働組合組織率
集団的労働法の時代から個別的労働法の時代へ

激減している組織率

　「労働組合」と聞いてどのくらい身近に感じるかは，世代やかかわりのある業種・業界によりかなりの差があるのではないでしょうか。日本における労働組合の組織率は，低下の一途をたどっています。労働組合組織率は，戦後間もない1948年の55.8％がピークであり，1980年頃には約30％にまで低下し，2022年には16.5％となっています。比率から見ると労働組合の必要性や存在意義が根本から問われている状況と言えます。

　以前は企業経営の中で経営者・資本家 vs. 労働者という関係性が最も重要だと考えられてきました。しかし，最近では株主重視経営や地域社会，また環境問題など上記のような関係のみでは解決できない問題が増えてきました。このようにステークホルダーが増えるに従って労働組合の経営における存在が小さ

図表 6-11｜労働組合組織率

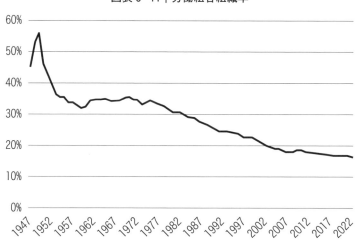

出所：厚生労働省（2023）『労使関係総合調査（労働組合基礎調査）』

くなっていると言えるでしょう。

産業別の組織率

　産業別に見ると，低下の度合いや組織率の水準には大きな差があります。特に組織率が低いのは不動産業，物品賃貸業，医療・福祉で10%に満たないという非常に低い組織率です。労働市場における人材の流動性が比較的高い業種では，組織率が低くなっていると言えます。一方，組織率が高い業種の代表的なものは電気・ガス・熱供給・水道業，金融業，保険業であり，ともに50%もの高い組織率です。長期雇用が前提となっている企業で，流動性が少ないことが労働組合の組織率が高くなっている理由の1つと考えられます。

図表6-12｜産業別労働組合組織率

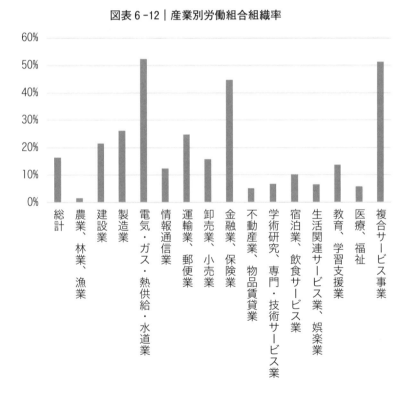

出所：厚生労働省（2023）『労使関係総合調査（労働組合基礎調査）』

雇用者数と労働組合員数

　労働組合員の数の観点では，1994年の1,269万人をピークに減少しています。雇用者数が右肩上がりに大きく増加している中で労働組合員数が減少することで，雇用者に占める労働組合員の割合が大きく低下していることがわかります。

　戦後約70年の間に変化したのは単に数字だけではありません。産業のあり方，経済発展の速度，企業経営の進化など，労使を取り巻くあらゆる環境が変化を遂げる中で，労働組合組織率も変化してきたのです。労働組合の歴史は遠く19世紀のイギリスまでさかのぼります。最も早く資本主義が浸透し，産業が急速に発展する過程で，他者に雇われて働く者が急増したためです。当時の労働環境はひどいものであり，労働者個人には雇い主と交渉する力などありませんでした。しかし，労働者は数が多いことを利用して，集団で助け合いながらストライキなどをするようになったのです。

　日本では，明治維新による資本主義化をきっかけに，イギリスより100年ほ

図表 6-13｜労働組合員数の推移

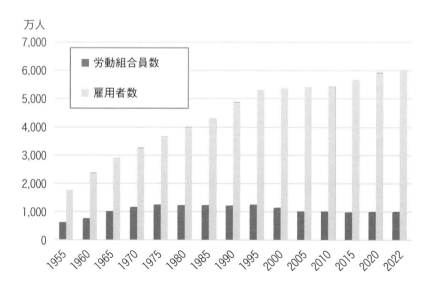

出所：厚生労働省（2023）『労使関係総合調査（労働組合基礎調査）』

ど遅れて労使間の交渉が行われるようになりました。最初は製糸工場や炭鉱にて，雇い主に対する抗議やストライキが行われました。その後，1897年頃から本格的に，鉄工組合などの日本最初の労働組合が組織されるようになったのです。爆発的に労働組合が組織されるようになったのは，戦後，民主化政策が進められた時期です。1955年には賃上げを要求する春闘が始まり，1974年には過去最高の32％超の賃上げを獲得するなどし，高度経済成長を下支えしました。

集団から個別へ

　一方で，1980年代以降は集団的労働法ではなく，個別的労働法の分野が重視されるようになり，関連した法改正や立法もなされています。具体的には，1985年に労働者派遣法の改正があり，その後は労働時間に関してたび重なる労働法の改正や，男女の雇用機会均等や育児・介護に伴う働き方に関する立法がなされました。労働紛争の解決についても，従来は団体争議が中心でしたが，2001年には「個別労働関係紛争の解決の促進に関する法律」という，**個人対企業の争議**を前提とした立法がなされるなど，大きな変化を見せています。

　これらの背景には，労働力を集約した画一的な産業・労働の時代から，産業の種類や働き方の多様化の時代への変化があります。個人の事情や価値観を考慮した働き方の実現に労働組合が協力することもありますが，労働者が一丸となって会社と闘うという対立構造自体が薄れてきているのです。また，企業経営の進化も労働組合組織率の低下に影響しています。昔は経営者 vs. 労働者という単純な構図でしたが，現在は労働者はさまざまなステークホルダーのうちの１つであり，単純な対立構図ではなくなってきているのです。

　働き方が多様化し，個としての労働者を守るためのルールづくりがなされ，労働環境・条件に関する個人のリテラシーも高まりつつあります。労働者は労働組合に頼るだけでなく，**多様な交渉方法を持ちつつある**と言えます。企業側の観点で捉えると，組合との画一的な対立構造における交渉や調整だけでは十分ではなくなっているということです。

〉〉〉 施策事例

事例1 | 社員相談室の設置

　労働組合がある企業でも，近年では個別の労働紛争が多くなってきています。従業員約1,000名の企業で，労働組合の組織率が60％を超えていました。労働組合は特に，毎年の春闘での賃上げや社員の多くに影響ある労働環境問題などを会社と協議をするというものでした。以前は個別の社員の紛争についても労使協議の対象でしたが，近年は数が多くなったため，十分な協議ができない状況でした。そこで会社側が労働組合と協議をした上で，個別の紛争が発生しないように"社員相談室"を設置し，さまざまな相談に応じるようにしました。その中でも極めて重要な個別紛争に関しては，労働組合との協議で進めるというルールで行いました。

事例2 | 労働組合自体の進化

　多くの労働組合は，主にルーチン的な交渉を行っています。その代表的なものは春闘における賃上げであり，賞与額の決定などです。しかし，その交渉も他社との比較などで行うことが多く，自社独自の労働組合要求を提示することができない状況です。たとえば，近年労働者の賃金が上がっていないことについても，**労働組合としては交渉の武器を持っておらず，その責任は大きい**ものです。労働組合が新たなステージに立ち社員により良い労働環境，処遇を実現するための情報を収集し，分析のレベルを向上させなければなりません。これにより，**より高度な次元での労働環境改善についての経営側との対話**が可能となるでしょう。一部の労働組合では，徹底した勉強会や自社の分析を行い，真の労働組合とは何かということを問い始めており，春闘や賞与要求のように毎年同じ要求を行うようなスタンスから新しいスタンスへ進化しようとしています。**新しい意味での価値ある労働組合**となれば，自然と労働組合組織率は上がってくるものと想定されます。

労働装備率
生産性を高める積極的な設備投資の勧め

高まらない労働装備率

　企業は機械や設備に投資をし，それらをより有効に活用することで，付加価値を創出し，生産性の向上につなげています。企業の機械や装備がどの程度充実しているのかを示す指標として「労働装備率」があります。労働装備率は，有形固定資産を労働力で除した指標です。日本は，国際的には生産性が低く，また生産性を高めていくための投資がまだ不十分であると言われています。**図表6-14**は労働装備率と労働生産性，そして人員数の推移です。まず労働装備率は低下傾向にあり，2018年度にやや増加しましたが，2014年度水準には至っ

図表6-14｜全業種の労働装備率と労働生産性，人員数

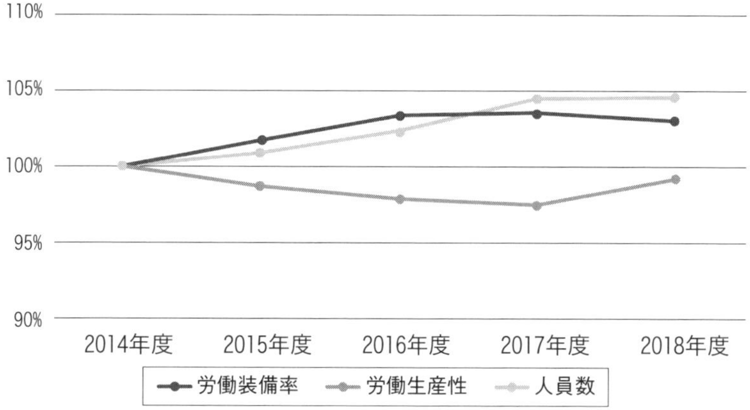

注1：労働装備率＝有形固定資産÷人員数
注2：労働生産性＝付加価値÷人員数
注3：2014年度を起点とした各年度の3年間の移動平均値の推移。2012年度は東日本大震災，2019年度以降はコロナ禍における影響が大きく，数値として平時として捉えづらい時期として，除外。
出所：財務省財務総合政策研究所（2022）『法人企業統計調査』「全業種（金融保険除く）」をもとに作成

184

ていません。企業の有形固定資産は増え続けていますが，それを上回る形で人員数が増え続けたことが要因です。一方で，労働生産性は上昇トレンドではありましたが，直近は横ばいに推移しており，今後，適切な投資を行い，労働生産性を高めていくことが企業の課題となっています。

労働装備率を高める運輸業，郵便業，労働装備率が高まらない医療・福祉

また，業種別に見ると，傾向や課題に違いが見られます。運輸業，郵便業のように，機械や設備への投資を図り，少ない人員数の中で生産性を高めている業種があります。ドライバーの長時間労働など労務問題が多い業種ですが，大幅に人員数が減っていく一方で，労働装備率は全産業に比べ高い水準で推移し，労働生産性とともに上昇傾向にあります。

そして，労働装備率をより高めていったほうが望ましい業種として，医療・福祉があります。高齢化などを背景に市場のニーズは拡大していることもあり，大幅に人員数が増加している一方で，労働装備率は低下しています。肝心の労働生産性も横ばいとなっています。

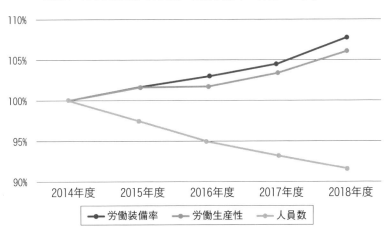

図表6-15｜運輸業，郵便業の労働装備率と労働生産性，人員数

出所：財務省財務総合政策研究所（2022）『法人企業統計調査』「運輸業，郵便業」をもとに作成

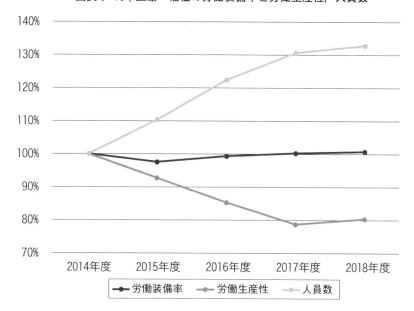

図表 6-16 | 医療・福祉の労働装備率と労働生産性，人員数

出所：財務省（2022）『法人企業統計調査』「医療・福祉」をもとに作成

設備投資と教育で生産性の飛躍的な向上を目指す

　業種によってその傾向を捉えることが前提にはなりますが，全般的に今後企業として対応すべきことは以下の2点となります。1つ目は，減少傾向にある日本の労働力人口を補うためにも，**ICT，DX**といったテーマの下，**積極的に設備投資を行い，新たなビジネスモデルを創出し，不足している人材を補いつつ生産性を高めていく**ことです。そして2つ目は，**業務を高度化し，生産性向上につなげていく**ことです。投資した機械や設備を効果的に活用していくため，企業の業種，特性に合ったテクニカルスキルを磨き，付加価値につなげていくことが重要になります。企業としては，労働装備を充実させ，業務の効率化を進め，人員数を適正に維持しつつ，生産性を高めていくこと，そして収益をしっかり賃金に還元し，賃金水準を継続的に高めていくことを目指していく必要があります。

》》施策事例

事例1｜徹底的なデジタル活用による新たな開発などへの投資の実現

　人員やリソースを確保するために，生産や製造に関するあらゆるシステムを刷新し，IoTやITデジタル技術をフル活用します。受注から出荷までを自動で進められる仕組み（受注状況をリアルタイムに把握，発注書も自動で作成するなど）や，製品検査や出荷・検収の工程も自動化します。従来生じていた担当者による検査結果のばらつきや記録ミスを削減し，安定した精度が担保されています。IoTやITは効率化を図る手段の1つであり，これらの活用により業務の精度が上がり，製品の品質が高まることで，時間的にも経済的にも余裕が生まれていきます。それを受けて，**新たな開発などへの投資が実現可能となり，競合他社との差別化を図っていくことを目指しています。**

事例2｜VRの医療現場への活用による早期人材育成

　360度映像が広がるVR（Virtual Reality）は，実際の感覚に近い状態で効果的に学習することができます。手術本番前のイメージトレーニングや現場に出るまでの訓練，遠方の医師とのイメージ共有などさまざまなシーンで有効であり，リアルな練習を何度でも行うことができます。繰り返し練習することで本番のミスを防ぎ，医師の知識・技術力の向上にもつながります。

事例3｜アナログメーターのデジタルカメラによる生産性の向上

　ものづくりにおいては，さまざまな機械，装置が存在します。特に大規模で改修が難しい工場については，設備投資は慎重に進めなければならない重要な施策です。そういった中でも，最新の技術を用いて，少ない投資で，業務の効率化や生産性の向上につなげていくサービス，機器の開発が進んできました。たとえば，小型AIカメラを用いた本来では取得が難しかったアナログ情報のデータ化や，AI共同監視システムの開発などが挙げられます。監視カメラなどの機器は小型で，無線のネットワークによりデータ送信ができるため，どこでも簡単に設置可能となっています。稼働状況の確認，品質改善のためのデータ取得など，通常は目視で実施していた確認や記録の作業を自動化できます。大掛かりな装置は不要なため，導入コストは抑えられ，生産性の向上につなげることができます。

第7章

その他関連データ

　第1章から第6章まで紹介したデータは，定期的に把握するべきものです。経営者，人事部などがデータをもとにした議論をするために知っておかなければならないものとして提示しています。第7章では，それぞれの会社のニーズによって，参考になるものとならないものがあると思いますが，企業によっては非常に重要となる可能性があるものを，その他としてまとめました。

　たとえば，社長平均年齢などは参考になるデータで，日本がいかに高齢化しているかがこのデータにも表れています。極めて大きな変化が起きている，またICTの発達などテクノロジーが極めて大きく成長している現在，会社の指揮を執る社長の年齢は異常に高いと言えます。

　ほかにも，日本の中での給与差や人口移動なども参考になる企業は多いでしょう。今後，日本は首都圏に人口集中が起こり，多くの県ではかなり速いスピードで人口が減っていくことになります。都市集中型になることにより，首都圏の物価と地方の物価の差は極めて大きくなることが予測されます。また，支店の配置なども大幅に見直さなければなりません。

　第7章では，関連ある知っておくと便利な指標を集めたものです。第6章までの主要なデータとともに，参考になる企業では定期的にチェックをすることが必要です。

44

家族手当
変わる家族手当，支給条件の見直しや廃止

家族の姿の変化

　少し前まで，サラリーマンの家族は，正社員の夫と専業主婦，子ども2人の4人家族モデルが一般的でした。しかし，結婚，出産，働き方など人生の選択が多様化し，家族の姿は大きく変化しています。2022年版の男女共同参画白書では，家族の姿は「もはや昭和ではない」と表現されました。

　一世帯当たりの平均人数は，1960年の4人から2020年には2人に激減し，単独家族世帯が全世帯の38%を占め最も多くなりました。また，夫婦と子どもの世帯は，2020年には全世帯の25%まで減少し，家族といえば「夫婦と子ども」という概念が大きく変わってきています（**図表7-1，7-2**）。

図表7-1 ｜ 一般世帯と平均世帯人員

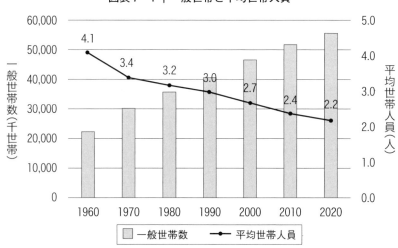

出所：総務省統計局（2020）『国勢調査結果』をもとに作成

図表7-2｜家族の姿の変化

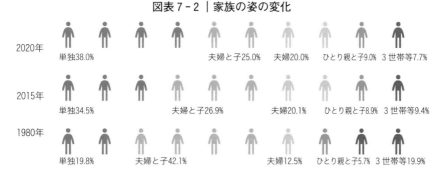

出所：総務省統計局（2020）『国勢調査結果』をもとに作成

家族手当の今

　企業における家族手当についても，廃止や支給条件の見直しが行われています。家族手当は，配偶者や子どもなどの家族がいる社員に対して，その家族構成や人数などの条件に応じて支給される手当です。人事院の調査によると，家族手当制度がある事業所の割合は2021年時点で74.1%，そのうち配偶者に対する家族手当を支給する事業所の割合は55%（全事業所を100とした場合）となっています。過去からの推移を見ると，子どもに対する家族手当は維持されつつ，配偶者に対する家族手当は廃止傾向です。

家族手当の見直しや廃止の変遷

　制度の変化の背景には，家族の姿の変化とともに，その時々の社会の慣習や経済情勢の変化があります。家族手当は欧米には見られない制度です。日本では大正時代からすでにあったと見られ，生活給の一部として普及してきました。その後，核家族化が進み，正社員の夫と専業主婦・子どもの家族モデルのもと「社員の家族が世間並みの生活を」，「子ども2人を大学まで卒業できるように」といった福利厚生の要素が加わりました。1990年代に入って「賃金は労働の質と量で決まる」という成果主義の広がりから，仕事内容や成果に関連のない属人的な手当の見直しの動きが始まり，2000年以降，家族手当の採用率が減少します。また，労働人口が減少する中，多様な人材が活躍できる環境の整備

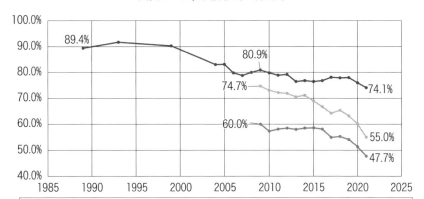

図表 7 - 3 ｜ 家族手当の採用率

注：配偶者に家族手当を支給しない事業所の割合は，家族手当制度がある事業所の従業員数
　　の合計を100とした割合である。
出所：人事院『職種別民間給与実態調査結果』各年度のデータをもとに作成

が求められるようになります。「世帯主に限定して支給されることが多い家族
手当は女性に不利な賃金である」，「家族手当や国の税・社会保障の仕組みが専
業主婦や配偶者の就業調整につながっている」ことが指摘され，**配偶者に対す
る家族手当の支給見直し**につながります。さらに，**子どもに対する家族手当に
ついては，少子化対策として，配偶者分の原資を振り替え，支給額を増加する**
企業も現れました。今後も，同一労働同一賃金など社会の要請に合わせて見直
しが行われるでしょう。家族手当が賃金に占める割合は高いものではありませ
んが，その維持・支給条件の見直し・廃止の意思決定は，その時々の社会から
の問題提起や社会課題に対する企業の姿勢を示しているものとも言えます。既
存制度の見直しは，現行制度の対象者に対する「かわいそう」という思考が先
に立ち，消極的な意思決定になる場合があります。社会の状況を正確に理解し
つつ，**自社が大切にしたい軸を起点とした意思決定**をし，それをきちんと**社員
にメッセージとして伝えていく**ことが，社員の共感や会社の魅力につながって
いくのではないでしょうか。

⟩⟩⟩ 施策事例

事例1 ｜ 家族手当を廃止し養育手当へ

　配偶者，実養父母に対する家族手当を廃止し，子どもおよび障碍を持つ家族に対する養育手当に見直しました。廃止した家族手当の原資は，養育手当に振り替え，金額を増額しました。社員の生活費や教育費等の負担軽減を目的として，より社員に寄り添った制度への改変となりました。

事例2 ｜ 管理職に対する家族手当を廃止

　管理職は，組織マネジメントを担う役割遂行に対する報酬であるという方針に転換し，家族手当を廃止しました。同時に，管理職に対する期待役割を明確化し，強く役割発揮を求めるとともに，年収水準の引上げを行いました。一方，**若手社員に対しては，家族を持ち始める世代のモチベーション維持の観点から家族手当を継続**しています。

45

地域別世帯収入
総力戦で稼ぐ北陸モデル

世帯収入の高さが幸福度を高める？

　一般的な世帯は，主に「核家族世帯」と「1人暮らし世帯」に定義が分かれます。現在は未婚率，離婚率，初婚年齢の上昇，そして配偶者の死別による高齢の孤独者の増加など，今や1人暮らし世帯は増加の一途をたどります。1人暮らし世帯は孤独な状況を生み出し，孤独死や犯罪の多発などの問題にも発展しかねません。

　孤独からも無縁で，暮らしやすいことが重要となりますが，本項で紹介する世帯収入のデータから日本の1つの成功モデルが見えてきます。その条件がそろっているのが北陸地方です。北陸地方は，都道府県幸福度ランキング（日本総合研究所）などの民間調査でも上位にランクインするなど「幸せ」，「暮らしやすい」といったイメージを持たれている地方です。北陸地方は，2人以上の勤労者世帯における月間の家計収支黒字額が関東に次いで2位の地域です。世帯収入額が関東地方に次いで高いこと，そして何より支出が少ないことが黒字額を大きくしています。

図表7-4｜地方別月間世帯黒字額，経常収入

月間黒字額ランキング	地方	月間世帯黒字額（円）	月間世帯経常収入（円）	世帯人数（人）	有業人数（人）	女性配偶者有業率
1	関東	200,895	654,554	3.21	1.76	54.5%
2	北陸	189,202	632,532	3.31	1.88	64.2%
3	四国	185,079	559,736	3.18	1.75	57.3%
4	近畿	176,256	608,747	3.25	1.79	50.7%
5	東海	174,136	593,404	3.35	1.83	55.8%
6	東北	170,640	557,398	3.36	1.89	62.4%
7	九州	157,260	533,982	3.19	1.81	59.3%
8	北海道	154,759	575,021	3.02	1.69	54.2%
9	中国	145,220	534,813	3.27	1.81	59.9%
10	沖縄	125,374	435,127	3.39	1.88	53.0%

出所：総務省統計局（2022）『家計調査結果』

図表 7 - 5 ｜ 都道府県別年収

順位	都道府県	年収（千円）
1	東　京	5,990
2	神奈川	5,393
3	大　阪	5,242
4	愛　知	5,193
5	兵　庫	5,019
…		
22	福　井	4,543
…		
26	石　川	4,486
…		
28	富　山	4,434
…		
31	新　潟	4,276
…		
47	沖　縄	3,754

出所：厚生労働省（2022）『賃金構造基本統計調査』

　北陸地方では，勤労者 1 人当たりの平均年収は高いわけではありません。**図表 7 - 5** は都道府県別の 1 人当たりの平均年収ですが，福井県22位，石川県26位，富山県28位，新潟県31位と，いずれも都道府県平均並みかそれ以下の水準です。

世帯人数が世帯収入を高くする鍵

　世帯収入が高いことには，1世帯当たりの人数が大きく関係しています。他の地方と比べて世帯人数が多く，世帯における有業人数も多いのです。また，北陸地方では他の地域と比較して，女性配偶者の有業率が高いという特徴があります。背景としては，子・両親・祖父母などと複数の世代で同居している世帯も多く，子の世話や家事を分担できることが考えられます。北陸地方では，学生を除くほとんどの家族に稼ぎがあることが珍しくなく，世帯当たりの稼ぎ手が多いのです。

　そして，1位の関東地方と比較して収入額はやや低いものの，関東地方よりも世帯における消費額が低いことから最終的に手元に残る黒字額では2位となっています。

　このように，世帯収入に大きく影響するのは**世帯人数と支出**です。世帯人数が多ければ収入は増え，人数が多い世帯は，女性の有業率が高いことが重要になります。そして支出も抑えられる条件としては，物価の低さや自給率が考えられます。複数世代の同居により世帯における有業人数と収入の最大化を実現するモデルを，仮に「北陸モデル」と呼ぶこととします。この「北陸モデル」は，今後企業がダイバーシティを実現するための大きなヒントとなるのではないでしょうか。世帯内の助け合いによって高年齢者や女性の社会進出を実現している地方において，企業は多様な働き手を確保できるためです。

　働き手にとっては世帯収入の最大化というメリット，企業にとっては都心より人件費単価を抑えながらも必要な働き手を確保できるというメリットを互いに享受することができます。仕事のリモート化が進む時世においては，都心においてビジネスを展開している企業にとっても，**地方に本拠地を移したり，地方の人材を活用したりする**こともより現実味が増してきているのではないでしょうか。

》》施策事例

事例1｜多くの世帯人数でゆとりをもって暮らせる経済的な支援

　現在，核家族化や未婚者の増加などによる1人暮らしが増えています。その上で，特に都心で生活するにあたっては，高い物価，上がらない賃金などにより，生活の豊かさを得づらい状況にあります。一方で北陸地方のように世帯の人数が多く，物価が低いことに加えて自給率を高めることで，経済的な豊かさを得られるモデルが存在します。少子高齢化を背景に労働力人口が減少していることなどから，国策としても子どもを増やしていくことが方針として掲げられています。企業がどこまで社員の生活を支援するかは方針にもよりますが，1人ひとりの社員がより豊かな生活を営めるよう，改めて福利厚生を充実させていくことも有効なのではないでしょうか。たとえば，**住宅関連の手当の充実や，家族手当の適用範囲や金額を見直すなど，より多くを扶養者とすることで，家計のゆとりが持てるように支援する**などです。また，家族を持ち，ポジティブに働いてもらうために，介護や育児に関する柔軟な対応が可能となるよう，**法定基準以上の条件の休暇や，労働時間の柔軟さを高めていくことも重要な施策**と考えられます。

46

都道府県別貯蓄額
貯金好きな県，消費好きな県

世帯収入が高いのは東京都，神奈川県，愛知県

　都道府県別の世帯収入と貯蓄高の傾向などをあわせて詳しく見ることで，数字だけでは表せない，いわゆる「県民性」も垣間見られます。人事管理上，福利厚生などの施策にも影響する非常に興味深いトピックです。

　世帯収入が多い都道府県と言えば，どこを思い浮かべるでしょうか。大企業や人が多く集まっている首都圏でしょうか。世帯ごとの収入ランキングを見ると，確かに東京都や神奈川県がトップにランクインしています。一方で貯蓄高のランキングとなると少し様子が異なります。

　都道府県別の世帯収入ランキングでは，1位が東京都，2位は神奈川県と首都圏の2都県がランクインしています。東京都は日本の首都であり，大企業が多く集まっていることから，個人の年収水準の高さも日本トップです。神奈川県でも個人年収の高さが世帯年収に現れています。東京都内の企業へ通勤し，東京都水準の年収を得ている人も多く，また，京浜工業地帯の中核であり関連する業種の大規模な企業に勤める人も多いためです。

　3位以降は首都圏以外の県が高順位にランクインしています。3位は愛知県，4位は富山県，5位は福井県です。愛知県にはトヨタ自動車を中心とした自動車関連企業が集まっています。また，愛知県の名古屋市は日本三大都市の1つであり，多くの人・企業が集まっており，中部地方全体の経済の中心ともなっているため，個人の年収も高い傾向にあるのです。

　4位・5位は，上位3位の都県とは上位にランクインしている理由が異なります。上位3位までは主要な経済圏であることによる個人年収の高さが世帯年収の高さに影響していました。一方，4位の富山県，5位の福井県の個人の年収の高さは全国平均を下回っています。45でも見たとおり個人当たりの単価ではなく，**世帯当たりの人数・有業者数が多いため，世帯収入が高い**のです。女性配偶者の有業率も他都道府県と比べて高く，共働きランキングでも常に上位にランクインしています。

図表7-6 ｜ 都道府県別 世帯収入ランキング

順位	都道府県	年間収入（千円）	順位	都道府県	年間収入（千円）
1	東京都	6,297	24	鳥取県	5,423
2	神奈川県	6,154	25	奈良県	5,396
3	愛知県	6,134	26	山梨県	5,387
4	富山県	6,124	27	香川県	5,385
5	福井県	6,088	28	福島県	5,382
6	滋賀県	6,043	29	京都府	5,327
7	岐阜県	6,027	30	岩手県	5,298
8	茨城県	5,953	31	広島県	5,291
9	千葉県	5,951	32	秋田県	5,270
10	三重県	5,908	33	熊本県	5,041
11	静岡県	5,883	34	大阪府	5,031
12	埼玉県	5,871	35	徳島県	5,017
13	山形県	5,821	36	山口県	5,014
14	栃木県	5,801	37	青森県	4,931
15	岡山県	5,704	38	福岡県	4,864
16	石川県	5,666	39	愛媛県	4,859
17	宮城県	5,659	40	和歌山県	4,809
18	島根県	5,626	41	長崎県	4,790
19	長野県	5,601	42	大分県	4,725
20	兵庫県	5,580	43	宮崎県	4,631
21	群馬県	5,575	44	北海道	4,553
22	新潟県	5,517	45	高知県	4,486
23	佐賀県	5,493	46	鹿児島県	4,323
			47	沖縄県	4,233

出所：総務省統計局（2019）『2019年全国家計構造調査』をもとに作成

貯蓄率が最も高いのは奈良県，最も低いのは沖縄県

　貯蓄高・収入のデータをもとに，「貯蓄高÷年間収入」のランキングを作成してみました。

　図表7-7が示しているのは各都道府県において「平均的に何年分の年収を蓄えているか」ということです。都道府県によって1位の2.9年分〜47位の1.4年分まで，約2倍の大きな差が見られました。

　上位5県のうち，3位の神奈川県，5位の愛知県は収入ランキングでも上位にランクインしており，収入の高さが貯蓄高の高さにもつながっていると考えられます。

　一方，1位の奈良県，2位の兵庫県，4位の徳島県はそれぞれ収入ランキング25位，20位，35位と決して高くはありません。一定の年収の範囲内でうまく支出をコントロールする傾向，もしくは支出より貯蓄を重視する傾向にあるのではないかと推察されます。

　また，収入ランキングでは1位の東京都は収入に対する貯蓄高は大きくなく，20位に留まっています。家賃等の生活コストが嵩んでいることが主な要因でしょう。下位5県についても，2パターンに分けられます。収入・貯蓄ともに低い順位となっているのが鹿児島県，宮崎県，沖縄県です。一方，佐賀県は収入では23位と平均的でありながら貯蓄高は低い水準です。収入に対する支出が他の県よりも多いと考えられます。

　世帯人数や女性・高齢者の就業率など，労働市場全体のポートフォリオの変化により，じわじわと変化が生じる可能性はありますが，今回取り上げたデータの傾向はただちに大きく変化するものではないと考えられます。

　当然，消費の内訳などから有利な業種・業態，地価等の多様なデータを含めて判断する必要がありますが，他の都道府県別データとあわせてこれらのデータをビジネスの観点で見ると非常に興味深いデータと言えます。

図表 7 - 7 | 都道府県別 世帯貯蓄高÷世帯収入ランキング

順位	都道府県	貯蓄現在高÷年間収入（年）	順位	都道府県	貯蓄現在高÷年間収入（年）
1	奈良県	2.90	24	鳥取県	2.20
2	兵庫県	2.62	25	三重県	2.19
3	神奈川県	2.61	26	群馬県	2.19
4	徳島県	2.54	27	長野県	2.18
5	愛知県	2.54	28	島根県	2.16
6	富山県	2.53	29	新潟県	2.11
7	京都府	2.52	30	岡山県	2.11
8	和歌山県	2.51	31	福島県	2.09
9	香川県	2.51	32	宮城県	2.09
10	大阪府	2.48	33	福岡県	2.06
11	岐阜県	2.46	34	栃木県	2.04
12	静岡県	2.41	35	山梨県	2.03
13	千葉県	2.41	36	長崎県	2.03
14	滋賀県	2.39	37	岩手県	1.98
15	埼玉県	2.34	38	大分県	1.93
16	広島県	2.32	39	北海道	1.91
17	愛媛県	2.30	40	山形県	1.84
18	高知県	2.29	41	熊本県	1.84
19	山口県	2.27	42	秋田県	1.82
20	東京都	2.26	43	佐賀県	1.74
21	石川県	2.25	44	鹿児島県	1.73
22	福井県	2.24	45	宮崎県	1.71
23	茨城県	2.21	46	青森県	1.59
			47	沖縄県	1.43

出所：総務省統計局（2019）『2019年全国家計構造調査』

⟩⟩⟩ 施策事例

事例1｜地域特性の把握と適切な施策設計

　各都道府県によって，物価，消費傾向，貯蓄など生活関連のデータには特徴があります。当然，働くニーズもさまざまであることから，しっかりと**各地域性に関するデータを把握し分析すること**により，合理的に人事施策に展開していくことが重要になります。特に賃金や住宅に関連する手当などは，大きく社員に影響を与える重要な施策であることから，社員が安定した生活が実現できるよう，データに裏づけされた設計と運用をしていくことが重要となります。

事例2｜将来の生活の安定を支援する制度の活用

　将来のすべての勤労者が加入でき，積み立てた資金は自由に使用ができる，一般財形貯蓄制度を導入する例があります。また，**財形年金貯蓄**と**財形住宅貯蓄**という制度もあり，あわせて**元利合計550万円から生ずる利子等が非課税**とされています。貯蓄開始から1年経過すれば自由に払い出せるほか，契約数に制限はなく，将来に備えた貯蓄は計画的に行いたいという従業員のニーズに応える施策になります。

事例3｜ポータビリティの高い確定拠出年金制度の導入

　企業型DC（企業型確定拠出年金）を導入する例です。従業員は掛金をもとに，金融商品の選択や資産配分の決定など，さまざまな運用を行い，定年退職を迎える60歳以降に，積み立ててきた年金資産を一時金（退職金），もしくは年金の形式で受け取ることができます。企業側においては将来に向けた負債を軽減させ，財政状況の安定化を図ることができ，従業員にとっても，ポータビリティ性の高い制度を導入することで，将来に向けて安心感を得ることができます。

地域間人口移動
人口減少とともに進む一極集中

変化する地域別人口

　わが国では現在，本格的な人口減少の下にあることは既知のことです。人口に影響を与えるのは出生動向，死亡動向の２つの要素となります。日本は出生率が低く，死亡者数が増えているので人口減少となります。これを都道府県別などの地域別に見るとさらに深刻な状況がわかります。地域の人口動向は，地域間の転入と転出の差が目立つ地域が増えてきているため，出生動向，死亡動向と同時に地域間の人口移動の人数が重要となります。

　国立社会保障・人口問題研究所の「地域別将来推計人口」によると，今後2045年までに約14％の人口減少となります。地域別には一律ではなく，東京圏は６％しか減少しませんが，関西圏は17％，名古屋圏は12％，他の地域では20％もの人口減少となると予想されています。地域別に人口減少のインパクトが異なるということです。

　たとえば，東京圏は2020年は3,600万人，2045年は3,400万人と大きく変わりませんが，他の地域（東京圏・関西圏・名古屋圏以外）は5,500万人から4,400万人と激減します。この人数は市場の大きさを表すために，東京圏はビジネスとして変わらない魅力的な商圏でありますが，地方は広い面積で多くの人数が減少することから，急速に驚くほどマーケットとしての魅力が低下すると言えます。

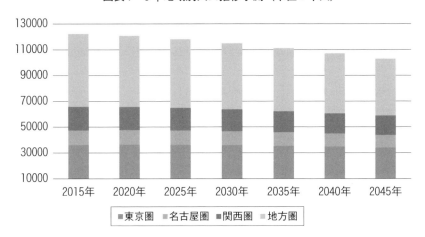

図表7-8 ｜地域別人口推移予測（単位：千人）

注：東京圏は埼玉県，千葉県，東京都，神奈川県，名古屋圏は岐阜県，愛知県，三重県，関
西圏は京都府，大阪府，兵庫県，奈良県とし，それ以外を地方圏と定義している。
出所：国立社会保障・人口問題研究所（2018）『日本の地域別将来推計人口（平成30（2018）
年)』

　この人口減少と相対的都市圏集中は，日本におけるビジネスを大きく変える
ことになります。多くの企業は地方マーケットをより効率的に運営することを
考えるでしょう。また，ビジネスの効率性という観点では，都市圏に経営資源
を集中する企業も多くなると考えられます。各都道府県に支店を置くという感
覚がなくなる可能性が高くなります。社員を固定的に地域に配置することは今
以上に非効率となるため，徹底したシステム化など，ビジネスモデルそのもの
が大きく変わる可能性が高いと考えられます。
　都市圏集中の流れは地域の物価差をより大きくすることになります。特に地
代家賃の都市・地域間格差は極めて大きくなるでしょう。そのため，社員の給
与は地域によって変えていくコントロールが必須となります。コロナ禍でリ
モートワークが急速に普及したことにより，都市圏集中の度合いが少なくなる
可能性もありますが，大きなトレンドとしては都市圏集中と予測されています，
これは，企業組織のあり方や働き方に影響を及ぼすでしょうし，給与の地域格
差も大きな課題となるでしょう。

》》施策事例

事例1 ｜ 支店の再編

　日本の各都道府県に支店を設置している企業が，都道府県別ではなく一部複数の都道府県を担当する支店に再編する例があります。たとえば，これまでは四国4県に4支店あったものを，四国支店として1店に集約するなどです。この再編を行うことにより地域密着度は以前よりも低下すると考えられ，これを避けるため，一部社員の在宅勤務・リモートワークを導入するなどで対応しています。

事例2 ｜ 撤退，集中

　サービス業・飲食業を広域展開している企業で，人口が少ない地域の店舗は収益性が低いため，そこに経営資源を投下することをやめ，大都市部へ集中投下する事例があります。大都市部でのマーケット機会を詳細に分析し，ビジネスチャンスがある未進出の地域へ新たに経営資源の投下を行います。

事例3 ｜ 地域間給与差の是正

　大都市への人口集中は，結果として，大都市部の物価が上昇することにつながります。特に住宅費に関しては，現在でも大都市部と他地域では大きな差がありますが，今後はさらにこれが拡大することが予想されます。大都市部の社員と他地域の社員に同額の給与を支払うと実質賃金の差が発生することとなります。そのため，都市手当や住宅手当を物価差に応じて支払うことや，基本給を地域別に支給することなどを検討しなければなりません。

48

社長平均年齢
驚くほど高い社長平均年齢

深刻な後継者不足

　2021年の全国倒産件数は6,015件（前年7,809件，前年比1,794件・23.0％減）と，2000年以降で最少，1999年以前と比較しても，1966年（5,919件）以来半世紀ぶりの歴史的低水準でした。ところが，倒産原因の中で「後継者難倒産」は466件と全体の7.7％を占めており，特殊要因倒産の中では最も多い状況です（帝国データバンク「全国企業倒産集計」）。後継者不足率のデータによると，2021年には61.5％の企業で後継者がいない状態であり，後継者難倒産の数も納得がいくものです（帝国データバンク「全国企業「後継者不在率」動向調査（2021年）」）。事業継承の継承経緯別のデータを見ると，同族継承が全項目の中で最も多いですが，2017年から緩やかに低下傾向です。M&Aは2017年と比べて上昇しています。中小企業庁は，2021年４月に「**中小M&A推進計画**」を策定し，後継者難などによる中小企業の休廃業防止に有効な手段として，M&Aを主軸に据える方針を明確に打ち出しており，今後，内部昇格やM&Aでの事業継承は増えることが予想されます。

　外部招聘は横ばいで変化がない状態です。そもそも，日本では優秀な経営者を外から迎え，望ましい経営状態を作るという発想が少ないのが現状です。昨今の激しい環境変化に対応しうる経営のために，外に目を向けることも必要と考えます。

　上記のように，後継者不足問題に対するさまざまな施策が進行していますが，データで見ると大きな変化はありません。日本がこれから成長力を取り戻すためにも，M&Aや外部招聘を，今までの継続とは異なるレベルで早急に推進する必要があります。自社に当てはめて考えていた場合，たとえば５年後・10年後を想定して，ビジネスモデルとともに社長をはじめとした経営体制が想定できているかということです。

図表7-9｜就任経緯別　推移

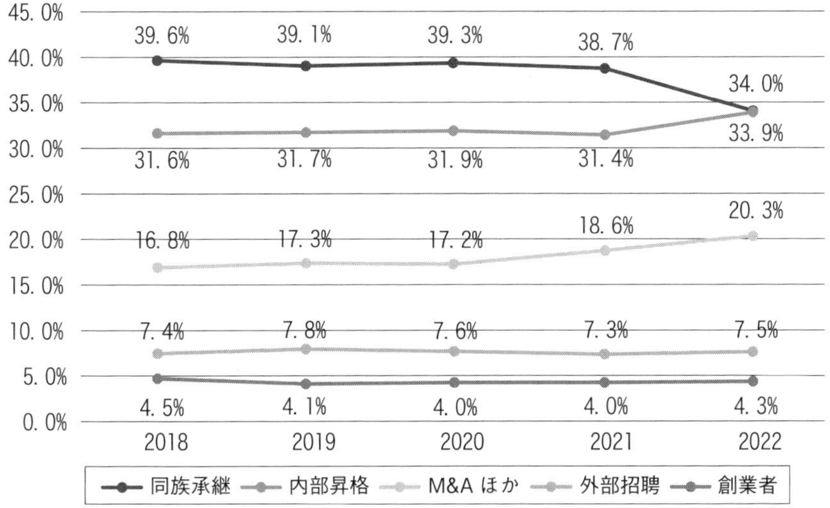

出所：帝国データバンク（2022）『全国「後継者不在率」動向調査』（https://www.tdb.co.jp/report/watching/press/pdf/p221105.pdf）

老齢化しつつある社長年齢

　後継者不足と関連が深い経営者の年齢を見ると，経営者平均年齢は年々上昇し，2022年には63歳を超え，今後さらに高齢化すると思われます。経営者の高齢化は，事業に影響があるのでしょうか。

　経営者年齢別に，2017～2019年の新事業分野進出への取組み，投資の実施，会社にトライ＆エラーの風土があるかについて調べた結果，経営者年齢が若い企業ほど，これらに積極的な企業の割合が高いとされています（中小企業庁「2021年版中小企業白書」）。経営者年齢が若いほど，新たなチャレンジをする企業が多い傾向にあるということは，裏を返せば，経営者年齢が上昇し続けている今，**日本企業の新たなチャレンジは減っている**と言えると考えられます。経営者の高齢化は，事業継承の問題だけでなく，その事業自体にも影響を及ぼす大きな問題と言えるでしょう。主要国の社長平均年齢は50～55歳がほとんどで，日本のみ突出して高い状況です。日本企業の成長性が低く推移している根源的な理由の1つになっていると言えます。

図表 7 -10｜経営者年齢推移

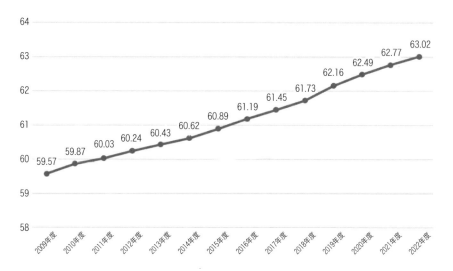

出所：東京商工リサーチ（2023）『2022年「全国社長の年齢」調査』（https://www.tsr-net.
　　　co.jp/data/detail/1197338_1527.html）

　社員数が限られる中では，仕事の生産性は上がりづらく，新しいことにも
チャレンジしづらいものです。たとえ雇用を拡大したとしても，技術，スキル
はすぐに習熟するわけではなく，即座に生産性向上につながるわけではありま
せん。

　そこで，M&Aや外部招聘などを加速させる必要があるのではないでしょう
か。M&Aによってそれぞれの企業の技術・ノウハウなどを統合させることに
より，事業継承および生産性向上に寄与し，規模の経済のメリットを活かして
効率よくビジネスを拡大・展開することが可能となります。また，外部招聘に
より，外部から経営者を迎え，事業継承，変革を講じるのも1つの手段です。
これらを通常の施策として選択肢に入れ，事業継承とともに，時代に応じた経
営をしていくことが重要だと考えます。

〉〉〉施策事例

事例1│同業同種の合併

　同じ業種の中規模企業2社は，社歴も長く，双方とも社長の年齢が65歳を超えています。また，国内市場を対象としてビジネスを行っており，市場の縮小により業績は低下していました。今後成長していくためには，この業界での規模のメリットを指向しなければならないと考え，2社は合併しました。その結果，管理部門や一部の生産拠点，物流など重複する機能の省力化が可能となりました。また，合併後，人員削減を行い，経営体制としては一方の会社の社長の息子を新たに社長にしました。これにより，今まで獲得できなかった大型の案件なども取れるようになり，国内市場で生き延びる体制が整いました。また，新たな収益の柱となる事業の立ち上げに注力することとしました。

事例2│後継者育成

　経営陣の平均年齢が60歳を超える企業がありました。この企業では，今まで新たな経営者候補を社長の指名で行ってきました。しかし，候補者のほとんどは1つの事業部で育っており，経営全般を統括する能力に欠けているのが大きな問題でした。今後の経営陣を育成するために，**部長クラスのアセスメントを行う**とともに，**経営者育成のための新たな教育プログラムを希望者に対して実施**しました。さらに，アセスメントや教育の結果，**将来経営者候補になりうると思われる社員には，経営者になるまでに最低3つの事業部を経験させる**こととしました。このように，新たな経営者を社内で育成するための施策を実施し，中長期の後継者の育成を行った事例です。

おわりに

　さまざまな人事関係のデータを改めて見ると，今までの日本企業の経営および人事管理が成長志向でなく，十分な管理もされてこなかったことを実感します。

　日本では，30年間，実質所得が下がり続けているという極めて危機的な状況です。しかも，この状況は近年強く言われるようになっただけで，それ以前の20数年間はあまり大きな話題になりませんでした。株主重視の経営に傾斜し，また内部留保を重視して新たな投資を行わなかったという安定志向の経営を続けてきたのです。

　こんにちの問題は，正確なデータに基づき，合理的で効果的な施策を講じることによって解決されます。ただし，現在の問題には将来に影響するものもあります。たとえば，その代表格と言えるのが人口問題です。すでに何十年も放置されてきたこの問題は，今後かなりの努力をしても補いきれないウィークポイントになります。出生率が低下すればするほど，日本の未来は暗くなります。少子高齢化については，国だけではなく企業も，社会貢献の1つとして注力していく必要があるでしょう。

　本書で紹介したデータは，日本が再度成長し，経済的に強い国になることに，国や企業も全力を注がなくてはならないということを示すものばかりです。やはり常に合理的，定量的，データオリエンテッドなスタンスで，状況把握，意思決定をしなければ，問題を早期解決することは難しいでしょう。

　このようなデータは，見れば見るほど，国や企業，個人がやらなければならないことを示唆してくれます。特に人事管理に関しては，上述のようなスタンスでの議論が全くされてこなかったため，乗り越えるべきハードルが極めて高いと感じるかもしれません。

　本書はどのようなデータが存在し，それをどのように見るか，またそれに対する施策をどのように講じていけばよいかについてまとめたものです。本書が

人事管理の発展に寄与することを祈るばかりです。

　最後になりますが，本書の出版に関しましては中央経済社の阪井あゆみ氏，株式会社トランストラクチャの高瀬真弓氏に多大なるご支援を賜りました。この場を借りて深くお礼を申し上げます。

　2024年2月

著者代表　林　　明文

●編著者

林　　明文（はやし　あきふみ）

株式会社トランストラクチャ　顧問
明治大学専門職大学院グローバル・ビジネス研究科客員教授
　青山学院大学経済学部卒業。デロイトトーマツコンサルティング合同会社に入社し，人事コンサルティング部門シニアマネージャーとして数多くの組織，人事，リストラクチャリングのコンサルティングに従事。その後，大手再就職支援会社の設立に参画し代表取締役社長を経てトランストラクチャを設立，代表取締役を経て現職。数多くの講演，執筆活動を行っている。主たる著書として『人事の定量分析』（中央経済社，2012年）ほか多数。

●著者紹介

坂下　幸紀（さかした　ゆきのり）

株式会社トランストラクチャ　パートナー
　関東学院大学経済学部卒業。不動産会社および不動産コンサルティング会社において，情報戦略の策定と情報システム管理の責任者を務める。株式会社トランストラクチャにおいては，パートナーとして組織・人事コンサルティング業務に携わるほか，プロダクト開発，社内教育に従事。主たる著書として『新版　人事の定量分析』（共著，中央経済社，2016年）がある。

大久保　尚代（おおくぼ　ひさよ）

株式会社トランストラクチャ　マネージャー
　東京大学法学部卒業，ニューヨーク大学大学院メディア・エコロジー・プログラム修了（MA）。出版社を経て，フルブライト・プログラムで米国に留学。帰国後，教育研修会社にて変革リーダー育成等に携わる。株式会社トランストラクチャにおいてはマネージャーとして営業およびマーケティング企画に従事。

倉田　淑実（くらた　よしみ）

株式会社トランストラクチャ　マネージャー
　名古屋大学法学部卒業。準大手会計事務所にて，経営コンサルティング・アドバイザリーに従事，ベンチャー企業にて人事部の立ち上げを経験。株式会社トランストラクチャにおいては，コンサルティング部門のマネージャーとして組織・人事コンサルティングに携わる。主たる執筆物として，「変化即応型人事制度設計の重要ポイント」『月刊人事マネジメント』2022年9月号（ビジネスパブリッシング）がある。

小宮　奈穂子　（こみや　なおこ）

株式会社トランストラクチャ　マネージャー
　物流サービス会社において，人事総務チームのチームリーダーとして企画立案・導入，運用および各種人事システムの導入などに携わる。株式会社トランストラクチャにおいては，コンサルティング部門のマネージャーとして数多くの組織・人事コンサルティングに従事。

宮井　文（みやい　あや）

株式会社トランストラクチャ　マネージャー
　早稲田大学第一文学部卒業。教育関連企業を経て，IT企業にてデータ分析，AIによる売上予測モデル構築などに携わる。株式会社トランストラクチャにおいては，コンサルティング部門のマネージャーとして主に調査分析に従事。

人口減少時代に経営を強くする

人事のためのデータの見方・使い方

2024年4月1日　第1版第1刷発行

編著者　林　　　明　文
発行者　山　本　　　継
発行所　㈱　中　央　経　済　社
発売元　㈱中央経済グループ
　　　　パ ブ リ ッ シ ン グ

〒101-0051　東京都千代田区神田神保町1-35
電話　03 (3293) 3371 (編集代表)
　　　03 (3293) 3381 (営業代表)
https://www.chuokeizai.co.jp
印刷／文　唱　堂　印　刷　㈱
製本／㈲　井 上 製 本 所

©2024
Printed in Japan